戦国武将 人《じん》物《ぶつ》甲《かっ》冑《ちゅう》 大図鑑

本郷和人 監修
グラフィオ編

戦国の世に命《いのち》をもやした武将《ぶしょう》たち！

群雄《ぐんゆう》が割拠《かっきょ》した時代に、野望をいだいて死力をつくし、歴史に名をのこした武将《ぶしょう》たち。この本では、戦国武将《せんごくぶしょう》の人物史を、彼《かれ》らが愛用した武具《ぶぐ》とあわせて紹介《しょうかい》しています。武将《ぶしょう》たちの波瀾《はらん》にみちた生きざまをご覧《らん》ください。

もくじ

・戦国期の国名地図……6

第一章 ～信長《のぶなが》の台頭《たいとう》～〈室町時代後期《むろまちじだいこうき》～安土《あづち》・桃山時代前期《ももやまじだいぜんき》〉……7

・天下統一《てんかとういつ》にのりだした織田信長《おだのぶなが》の時代……8

織田信長《おだのぶなが》……10
柴田勝家《しばたかついえ》……12
丹羽長秀《にわながひで》……14
滝川一益《たきがわかずます》……16
明智光秀《あけちみつひで》……18
前田利家《まえだとしいえ》……20
武田信玄《たけだしんげん》……22
山本勘助《やまもとかんすけ》……24
武田勝頼《たけだかつより》……26
真田昌幸《さなだまさゆき》……28
上杉謙信《うえすぎけんしん》……30
北条氏康《ほうじょううじやす》……32
斎藤道三《さいとうどうさん》……34
今川義元《いまがわよしもと》……36
浅井長政《あざいながまさ》……38
朝倉義景《あさくらよしかげ》……40
毛利元就《もうりもとなり》……42
村上武吉《むらかみたけよし》……44
大内義隆《おおうちよしたか》……46
尼子晴久《あまごはるひさ》……48

・奇抜《きばつ》で斬新《ざんしん》な「兜《かぶと》」……50
・ファッショナブルな「陣羽織《じんばおり》」……52

第二章 ～秀吉《ひでよし》の天下～〈安土《あづち》・桃山《ももやま》時代《じだい》中期〉……53

・天下統一《てんかとういつ》を達成した豊臣秀吉《とよとみひでよし》の時代……54

豊臣秀吉《とよとみひでよし》……56
蜂須賀小六《はちすかころく》……58
竹中半兵衛《たけなかはんべえ》……60
黒田官兵衛《くろだかんべえ》……62
加藤清正《かとうきよまさ》……64
福島正則《ふくしままさのり》……66
石田三成《いしだみつなり》……68
島左近《しまさこん》……70
大谷吉継《おおたによしつぐ》……72
上杉景勝《うえすぎかげかつ》……74
直江兼続《なおえかねつぐ》……76
毛利輝元《もうりてるもと》……78
宇喜多秀家《うきたひでいえ》……80
小早川秀秋《こばやかわひであき》……82
北条氏政《ほうじょううじまさ》……84
長宗我部元親《ちょうそかべもとちか》……86
蒲生氏郷《がもううじさと》……88
伊達政宗《だてまさむね》……90
片倉小十郎《かたくらこじゅうろう》……92
佐竹義重《さたけよししげ》……94
最上義光《もがみよしあき》……96
津軽為信《つがるためのぶ》……98
南部信直《なんぶのぶなお》……100
島津義久《しまづよしひさ》……102
島津義弘《しまづよしひろ》……104
大友宗麟《おおともそうりん》……106
龍造寺隆信《りゅうぞうじたかのぶ》……108

・戦国の武器《ぶき》「刀剣《とうけん》と槍《やり》」……110
・「天下五剣《てんがごけん》」と「天下三名槍《てんがさんめいそう》」……111

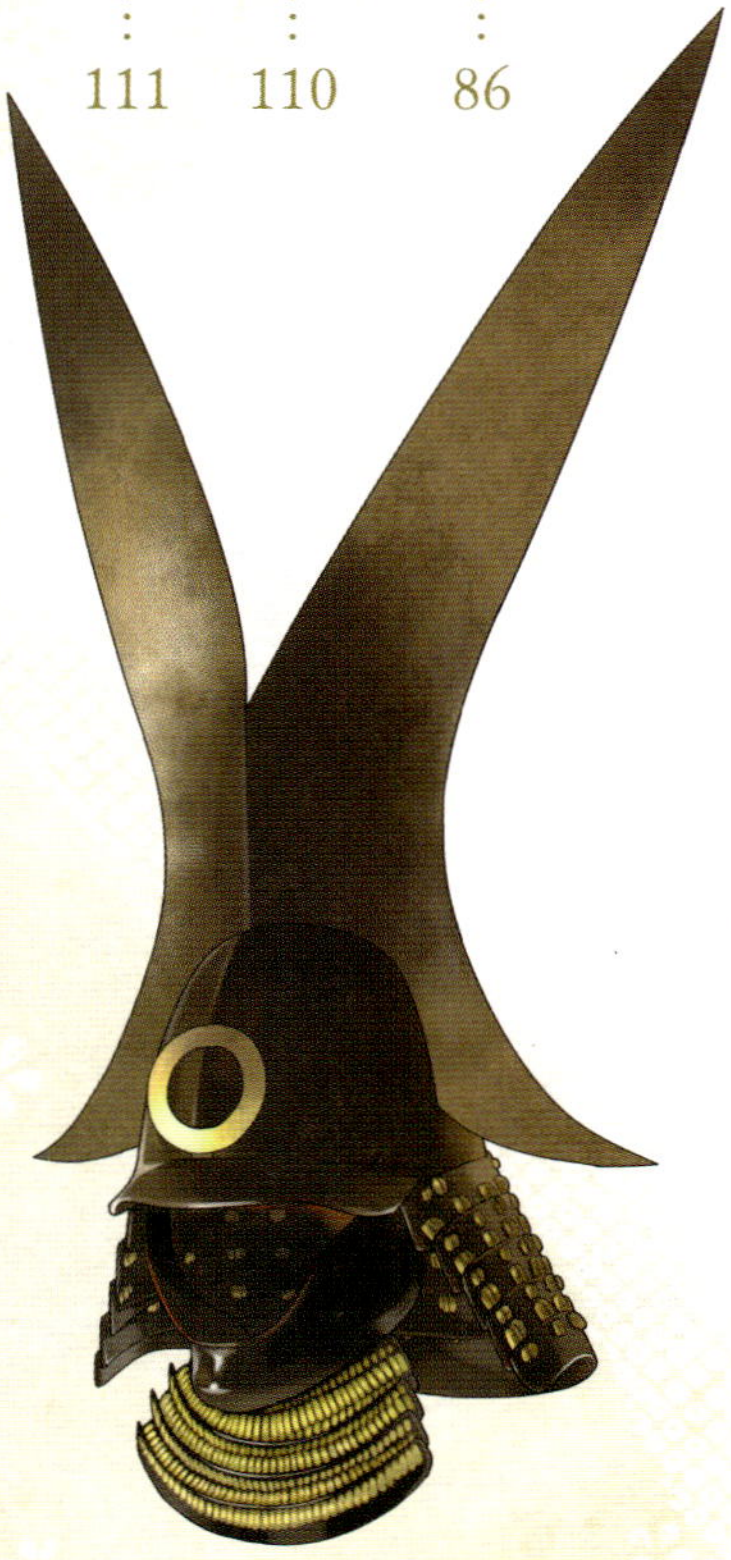

・合戦の道具 …… 111

・戦場の「旗印《はたじるし》」と「馬印《うまじるし》」 …… 112

・「大《おお》ふへんもの」前田慶次《まえだけいじ》 …… 112

第三章 〜家康《いえやす》の覇業《はぎょう》〜〈安土《あづち》・桃山《ももやま》時代《じだい》後期〜江戸《えど》時代《じだい》初期〉 …… 113

・江戸幕府《えどばくふ》をひらいた徳川家康《とくがわいえやす》の時代 …… 114

徳川家康《とくがわいえやす》 …… 116

酒井忠次《さかいただつぐ》 …… 118

本多忠勝《ほんだただかつ》 …… 120

井伊直政《いいなおまさ》 …… 122

榊原康政《さかきばらやすまさ》 …… 124

本多正信《ほんだまさのぶ》 …… 126

服部半蔵《はっとりはんぞう》 …… 128

藤堂高虎《とうどうたかとら》 …… 130

黒田長政《くろだながまさ》 …… 132

立花宗茂《たちばなむねしげ》 …… 134

後藤又兵衛《ごとうまたべえ》 …… 136

真田信繁《さなだのぶしげ》 …… 138

・戦国豆知識《まめちしき》 …… 140

・戦国期年表 …… 142

この本の見方

武将名《ぶしょうめい》の通称《つうしょう》について

江戸時代《えどじだい》以前、実名での呼称《こしょう》をさける風習があり、仮《かり》の名である通称《つうしょう》（仮名《けみょう》）をつけて、自他ともに使用していました。この本では、通称《つうしょう》で知られる武将《ぶしょう》は通称《つうしょう》で表記し、実名は文中で補足《ほそく》しています。

例：「竹中半兵衛《たけなかはんべえ》」→半兵衛《はんべえ》は通称《つうしょう》で、本名は竹中重治《たけなかしげはる》。

家紋《かもん》について

家紋《かもん》は、ひとりの武将《ぶしょう》が複数《ふくすう》もっている場合もあります。この本では、定番とされる家紋《かもん》と、その家紋名《かもんめい》を表示《ひょうじ》しています。

武将《ぶしょう》のイラストについて

武将《ぶしょう》のイラストは、資料《しりょう》等をもとにして、甲冑《かっちゅう》や武器《ぶき》を装備《そうび》した姿《すがた》でえがいてありますが、学術的《がくじゅつてき》な再現《さいげん》をはかったものではありません。また、複数《ふくすう》の甲冑《かっちゅう》や武器《ぶき》がつたわる武将《ぶしょう》については、そのうちのひとつを選出しています。

甲冑名《かっちゅうめい》について

各武将《かくぶしょう》の甲冑名《かっちゅうめい》は、甲冑《かっちゅう》のつくりをあらわしています。

例：紺糸威胴丸具足《こんいとおどしどうまるぐそく》（織田信長《おだのぶなが》の甲冑《かっちゅう》）

◆紺糸威《こんいとおどし》：威《おどし》（鎧《よろい》の札《さね》をつづる糸や革《かわ》）の色や素材《そざい》をあらわす。

◆胴丸《どうまる》：甲冑《かっちゅう》の構造《こうぞう》をあらわす。胴丸《どうまる》・丸胴《まるどう》は、着脱時《ちゃくだつじ》に開閉《かいへい》ができない一枚胴《いちまいどう》。ほかに、二枚胴《にまいどう》、五枚胴《ごまいどう》、南蛮胴《なんばんどう》、仏胴《ほとけどう》などがある。

◆具足《ぐそく》：全身の装備《そうび》一式をあらわす。

甲冑《かっちゅう》と武器《ぶき》、居城《きょじょう》について

各武将《かくぶしょう》の甲冑《かっちゅう》と武器《ぶき》について、形状《けいじょう》や名称《めいしょう》、所用した武将《ぶしょう》が明確《めいかく》でないものについては、この本では不明としています。また、複数《ふくすう》の城《しろ》を居城《きょじょう》とした武将《ぶしょう》については、そのうちのおもな居城《きょじょう》を表記しています。

「大坂《おおさか》」の表記について

現在《げんざい》の「大阪《おおさか》」は、明治時代《めいじじだい》初頭までは「大坂《おおさか》」と表記されていました。この本の文中では、昔《むかし》の地名をあらわすときは「大坂《おおさか》」、現在《げんざい》の地名をあらわすときは「大阪《おおさか》」と表記しています。

戦《せん》国《ごく》武《ぶ》将《しょう》が今につたえるメッセージ

監修《かんしゅう》　本郷和人《ほんごうかずと》

室町《むろまち》時代《じだい》中期の一四六七年、足利将軍家《あしかがしょうぐんけ》の後継者《こうけいしゃ》をめぐり、「応仁《おうにん》の乱《らん》」がおこりました。十一年間の争乱《そうらん》の結果、将軍《しょうぐん》の権威《けんい》が失墜《しっつい》し、室町幕府《むろまちばくふ》は全国への支配力《しはいりょく》をうしないます。すると、各地の大名が勢力《せいりょく》をあらそいはじめ、身分の低い者が実力で権力《けんりょく》を手にする「下克上《げこくじょう》」の機運《きうん》も生《しょう》じ、さまざまな戦国武将《せんごくぶしょう》が次々《つぎつぎ》と頭《とう》角《かく》をあらわしました。

天下統一《てんかとういつ》の野望をいちはやく実践《じっせん》した、織田《おだ》信長《のぶなが》。その後継者《こうけいしゃ》となって天下統一《てんかとういつ》を達成した、豊臣秀吉《とよとみひでよし》。その基盤《きばん》をもとに江戸幕府《えどばくふ》をひらいた、徳川家康《とくがわいえやす》。この三者が時代の中心となって世の中を大きくうごかし、その変革《へんかく》の中で、武《たけ》田《だ》信玄《しんげん》、上杉謙信《うえすぎけんしん》、伊達政宗《だてまさむね》、真田信繁《さなだのぶしげ》など大《おお》勢《ぜい》の武将《ぶしょう》たちが活躍《かつやく》し、歴史に名をのこしました。

戦国武将《せんごくぶしょう》たちの壮絶《そうぜつ》な乱世《らんせ》は、現代《げんだい》を生きるわたしたちにとって、まるで、おとぎ話のようにも思えます。しかし、戦国武将《せんごくぶしょう》は実在《じつざい》しました。そのひとつの証《あかし》として、彼《かれ》らがのこした武《ぶ》器《き》や甲冑《かっちゅう》があります。合戦で使用したとされる武具《ぶぐ》には、刀傷《かたなきず》や銃弾《じゅうだん》の跡《あと》がついているものもあり、当時の激戦《げきせん》を生々《なまなま》しくものがたります。また、現存《げんぞん》する武具《ぶぐ》の多くは「勝者」の側にいた武将《ぶしょう》たちのもので、「敗者」となった武将《ぶしょう》たちの武具《ぶぐ》の多くがうしなわれていることも、感《かん》慨《がい》ぶかさがあります。

荒々《あらあら》しく、そして華々《はなばな》しく、日本の歴史に一時代をふかくきざみつけた、戦国武将《せんごくぶしょう》たち。彼《かれ》らの「生きざま」というメッセージは、時を越《こ》えて、今にいたります。

戦国期の国名地図

日本各地の地名は、現在《げんざい》の都道府県名とはことなり、奈良時代《ならじだい》から明治時代《めいじじだい》のはじめまで、下の地図にあるような「国名」がつかわれていました。この本では、各武将《かくぶしょう》の説明などに、それぞれの地域《ちいき》の国名をもちいています。

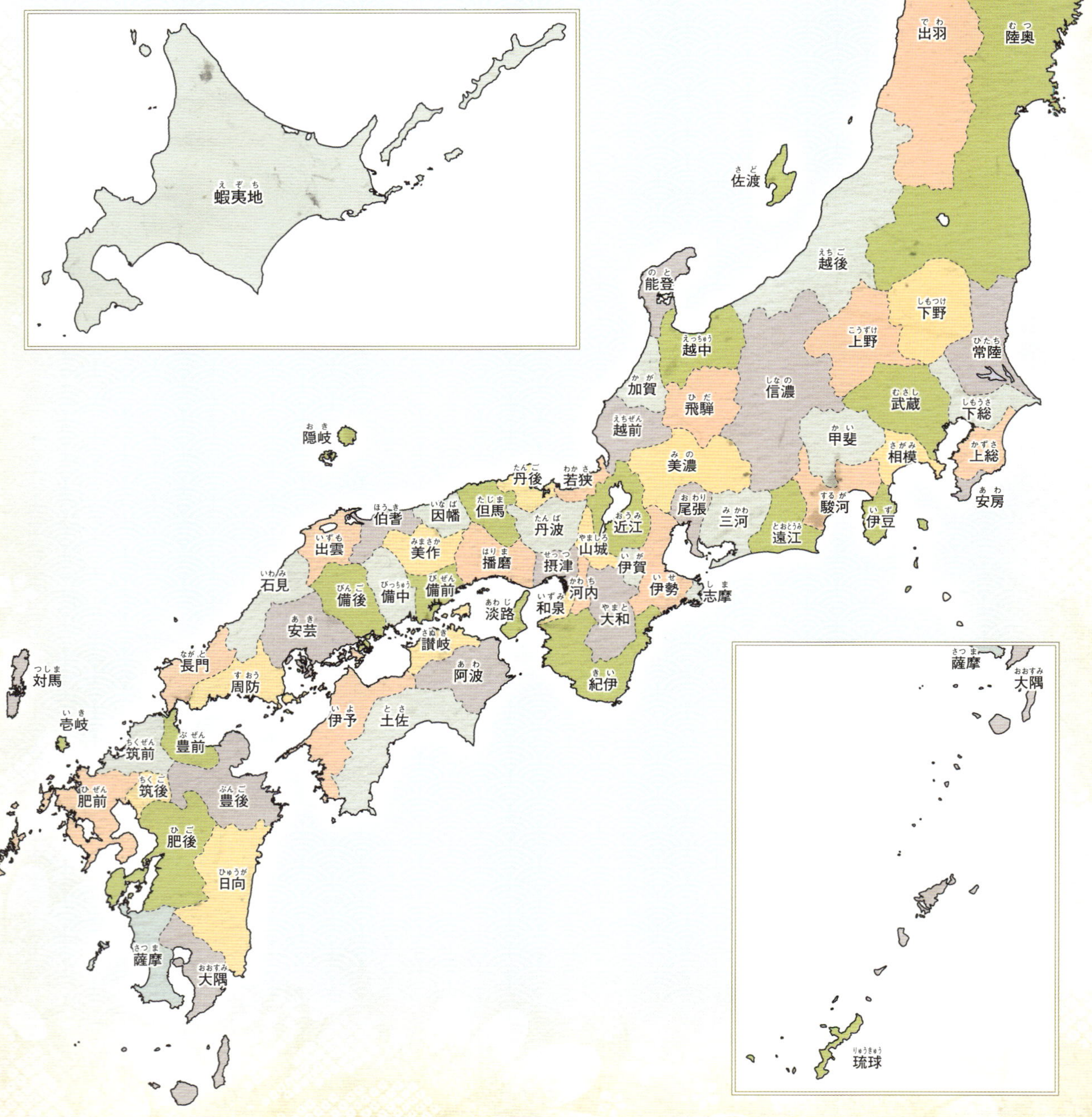

第一章

～信長《のぶなが》の台頭《たいとう》～

室町《むろまち》時代《じだい》後期～
安土《あづち》・桃山《ももやま》時代《じだい》前期

天下《てんか》統一《とういつ》にのりだした織田信長《おだのぶなが》の時代

第一章では、織田信長《おだのぶなが》が天下統一《てんかとういつ》にむけて勢力《せいりょく》をのばしたころの、一五六〇年～一五八〇年前後に活躍《かつやく》した武将《ぶしょう》を紹介《しょうかい》します。全国には、武田信玄《たけだしんげん》や上杉謙信《うえすぎけんしん》をはじめとする群雄《ぐんゆう》が割拠《かっきょ》し、世の中は、はげしい戦乱《せんらん》のただなかにありました。

室町時代《むろまちじだい》

一三三六年

足利尊氏《あしかがたかうじ》が建武式目《けんむしきもく》を制定《せいてい》。室町時代《むろまちじだい》がはじまる。

室町時代後期《むろまちじだいこうき》［戦国時代《せんごくじだい》］

一四六七年

応仁《おうにん》の乱《らん》がおこり、戦国時代《せんごくじだい》が幕《まく》をあける。

一五六〇年　桶狭間《おけはざま》の戦《たたか》い

勝利 **織田《おだ》 対 今川《いまがわ》** 敗北

尾張《おわり》に侵攻《しんこう》した今川義元《いまがわよしもと》を、織田信長《おだのぶなが》が奇襲《きしゅう》をもって撃退《げきたい》。義元《よしもと》は討《う》ちとられ、信長《のぶなが》の名声が全国にとどろいた。

一五六一年　川中島《かわなかじま》の戦《たたか》い（四回目）

引分 **武田《たけだ》 対 上杉《うえすぎ》**

武田信玄《たけだしんげん》が信濃《しなの》に侵攻《しんこう》し、上杉謙信《うえすぎけんしん》がむかえうった。一五五三年～一五六四年に五回の合戦がおこなわれたが、なかでも大規模《だいきぼ》となったのが、この四回目の合戦だった。

おもな勢力《せいりょく》（一五六〇年ごろ）と合戦場

室町時代《むろまちじだい》後期［戦国時代《せんごくじだい》］

一五七〇年　姉川《あねがわ》の戦《たたか》い

勝利　**織田《おだ》・徳川《とくがわ》連合軍　対　浅井《あざい》・朝倉《あさくら》連合軍**　敗北

織田信長《おだのぶなが》と徳川家康《とくがわいえやす》の連合軍と、浅井長政《あざいながまさ》と朝倉義景《あさくらよしかげ》の連合軍との合戦。敗北した浅井氏《あざいし》と朝倉氏《あさくらし》は、数年後、ともに滅亡《めつぼう》した。

一五七二年　三方ヶ原《みかたがはら》の戦《たたか》い

勝利　**武田《たけだ》　対　徳川《とくがわ》**　敗北

武田信玄《たけだしんげん》が京《きょう》へと進軍するとちゅうで、徳川家康《とくがわいえやす》の領地《りょうち》に攻《せ》めこんだ合戦。徳川軍《とくがわぐん》はこれをむかえうったが、深追いして逆襲《ぎゃくしゅう》され、敗北をきっする。しかし、信玄《しんげん》は勝利した直後に病《やまい》にたおれ、死亡《しぼう》した。

一五七三年

織田信長《おだのぶなが》が室町幕府《むろまちばくふ》をほろぼす。戦国時代《せんごくじだい》の終焉《しゅうえん》。

安土《あづち》・桃山時代《ももやまじだい》

一五七五年　長篠合戦《ながしののかっせん》

勝利　**織田《おだ》・徳川《とくがわ》連合軍　対　武田《たけだ》**　敗北

武田信玄《たけだしんげん》の跡《あと》つぎである武田勝頼《たけだかつより》による侵攻《しんこう》をうけた徳川家康《とくがわいえやす》が、同盟《どうめい》をむすぶ織田信長《おだのぶなが》との連合軍でむかえうった合戦。戦国最強とよばれた武田騎馬隊《たけだきばたい》を、織田鉄砲隊《おだてっぽうたい》が翻弄《ほんろう》し、壊滅《かいめつ》させた。武田氏《たけだし》は、この敗北をきっかけにおとろえ、のちに滅亡《めつぼう》した。

一五八二年　本能寺《ほんのうじ》の変《へん》

勝利　**明智《あけち》　対　織田《おだ》**　敗北

織田家臣《おだかしん》の明智光秀《あけちみつひで》が謀叛《むほん》をおこし、京《きょう》の本能寺《ほんのうじ》に宿泊《しゅくはく》していた織田《おだ》信長《のぶなが》を襲撃《しゅうげき》。信長《のぶなが》は死亡《しぼう》し、明智光秀《あけちみつひで》が天下をとったが、ほどなく羽《は》柴《しば》（のちの豊臣《とよとみ》）秀吉《ひでよし》に討《う》ちとられた。

桶狭間《おけはざま》の戦《たたか》いがあった1560年ごろの勢力《せいりょく》と、上の年表にある合戦場をしるした地図です。織田信長《おだのぶなが》は、ここから20年ほどで、広範囲《こうはんい》に勢力《せいりょく》をひろげました。

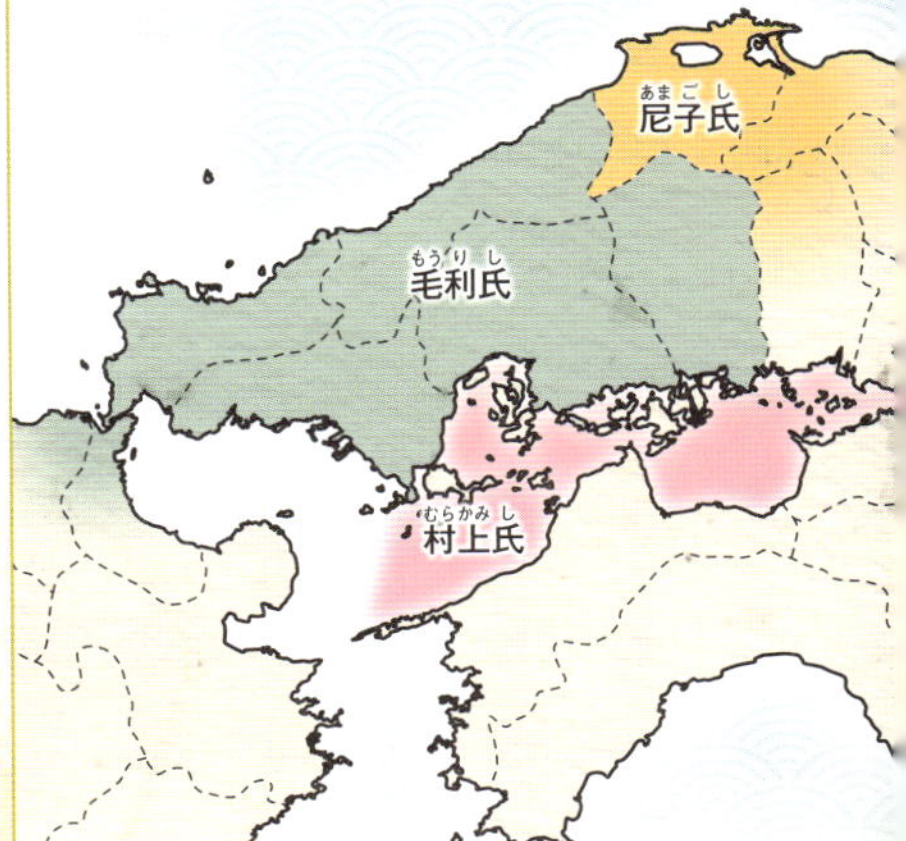

◉戦国時代《せんごくじだい》の甲冑《かっちゅう》「当世具足《とうせいぐそく》」

戦国時代《せんごくじだい》、「当世具足《とうせいぐそく》」というあらたな甲冑《かっちゅう》が登場しました。「当世《とうせい》」とは現《げん》代《だい》、「具足《ぐそく》」とはすべてそなわっていることを意味し、兜《かぶと》や鎧《よろい》、手足の防具《ぼうぐ》などが一式になっているのが特徴《とくちょう》です。また、旧式《きゅうしき》の鎧兜《よろいかぶと》とちがい、着脱《ちゃくだつ》しやすく、堅牢《けんろう》で軽快《けいかい》につくられた、実戦重視《じゅうし》の画期的な甲冑《かっちゅう》でした。

当世具足《とうせいぐそく》の構成《こうせい》

兜《かぶと》のかざりは、とりつけられた場所によって、前立《まえだて》、脇立《わきだて》、後立《うしろだて》とよばれる。

胴《どう》のつくりによって、胴丸《どうまる》、腹巻《はらまき》、二枚胴《にまいどう》、五枚胴《ごまいどう》などの種類がある。

顔面を守る仮面《かめん》のような防具《ぼうぐ》。

織田木瓜《おだもっこう》

織《お》田《だ》信《のぶ》長《なが》

生没年《せいぼつねん》　一五三四年～一五八二年

出身地《しゅっしんち》　尾張《おわり》（愛知県《あいちけん》）

居《きょ》城《じょう》　清洲城《きよすじょう》（愛知県《あいちけん》）、安土城《あづちじょう》（滋賀県《しがけん》）

甲冑《かっちゅう》　紺糸威胴丸具足《こんいとおどしどうまるぐそく》

武器《ぶき》　へし切り長谷部《へしきりはせべ》

天下《てんか》布《ふ》武《ぶ》をかかげた戦国《せんごく》時代《じだい》の風雲児《ふううんじ》

戦国武将《せんごくぶしょう》のなかで、天下統一《てんかとういつ》の野望を最初に表明して実行にうつした、尾張《おわり》の大名。統一事業《とういつじぎょう》の終《しゅう》盤《ばん》に、本能寺《ほんのうじ》の変《へん》で死亡《しぼう》した。

織田信長《おだのぶなが》は、織田信秀《おだのぶひで》の子にうまれたが、若《わか》いころは素行《そこう》がわるく、ばか者《もの》を意味する「うつけ者《もの》」とよばれていた。信秀《のぶひで》が病死すると、当主の座《ざ》をめぐって弟の信行《のぶゆき》と対立。信長《のぶなが》は、謀叛《むほん》をおこしたとして信行《のぶゆき》を殺害し、織田家《おだけ》当主の座《ざ》についた。

一五六〇年、駿河《するが》の今川義元《いまがわよしもと》が、大軍をひきいて尾張《おわり》に侵攻《しんこう》。信長《のぶなが》は、桶狭間《おけはざま》の戦《たたか》いで義元《よしもと》に奇襲《きしゅう》をかけて討《う》ちとり、その名を全国にとどろかせた。その後、隣国《りんごく》の美《み》濃《の》を奪取《だっしゅ》したころから「天下布《てんかふ》武《ぶ》」としるした印《いん》をつかいはじめ、天下統一《てんかとういつ》の意思を世にうちだす。

攻勢《こうせい》を強める信長《のぶなが》は、姉川《あねがわ》の戦《たたか》いで、浅井氏《あざいし》と朝倉氏《あさくらし》を撃破《げきは》。さらに、仏罰《ぶつばつ》をもおそれず、敵対《てきたい》した石山本願寺《いしやまほんがんじ》を攻撃《こうげき》し、比叡山延《ひえいざんえん》暦寺《りゃくじ》も焼きうちにした。また、将《しょう》軍《ぐん》の足利義昭《あしかがよしあき》を追放して室町幕府《むろまちばくふ》を滅亡《めつぼう》させ、長篠合戦《ながしののかっせん》では、戦国最強といわれた武田氏《たけだし》の騎馬隊《きばたい》を、大量の鉄砲《てっぽう》を導入《どうにゅう》してやぶった。

安土城《あづちじょう》をきずいた信長《のぶなが》は、中国《ちゅうごく》地方《ちほう》に遠征《えんせい》を開始した。そのさなか、京《きょう》の本能寺《ほんのうじ》で、家臣《かしん》の明智光《あけちみつ》秀《ひで》に襲撃《しゅうげき》される。この本能寺《ほんのうじ》の変《へん》で、信長《のぶなが》は、炎《ほのお》のなかで自害した。

桶狭間《おけはざま》の戦《たたか》いで着用の甲冑《かっちゅう》 豪快《ごうかい》な切れ味の刀

紺糸威胴丸具足《こんいとおどしどうまるぐそく》（建勲神社蔵《たけいさおじんじゃぞう》）は、織田信長《おだのぶなが》が桶狭間《おけはざま》の戦《たたか》いで着用していたものとつたわる。うごきやすさを重視《じゅうし》した実戦的な甲冑《かっちゅう》で、兜《かぶと》の前立《まえだて》には家紋《かもん》の織田木瓜《おだもっこう》がほどこされている。信長《のぶなが》は南蛮胴《なんばんどう》を愛用していたイメージがあるが、所持していたかは不明で、現存《げんぞん》するものは、のちの時代につくられたという。

へし切《き》り長谷部《はせべ》（福岡市博物館蔵《ふくおかしはくぶつかんぞう》）は、信長《のぶなが》が所用した刀。信長《のぶなが》の怒《いか》りをかった人物が棚《たな》のなかへにげかくれた際《さい》に、信長《のぶなが》は、この刀で棚《たな》もろとも圧《へ》し切《き》ったといわれる。

丸《まる》に二《ふた》つ雁金《かりがね》

柴《しば》田《た》勝《かつ》家《いえ》

生没年《せいぼつねん》 一五二二年ごろ～一五八三年

出身地《しゅっしんち》 尾張《おわり》（愛知県《あいちけん》）

居城《きょじょう》 北ノ庄城《きたのしょうじょう》（福井県《ふくいけん》）

甲冑《かっちゅう》 不明

武器《ぶき》 にっかり青江《にっかりあおえ》

織《お》田《だ》家《け》に忠《ちゅう》義《ぎ》をつくした頑《がん》強《きょう》な猛《もう》将《しょう》「鬼《おに》柴《しば》田《た》」

織田信長《おだのぶなが》をささえた織田家重臣《おだけじゅうしん》で、戦場では勇猛果敢《ゆうもうかかん》に奮戦《ふんせん》し、「鬼柴田《おにしばた》」とよばれた武将《ぶしょう》。柴田勝家《しばたかついえ》は、若《わか》いころから織田《おだ》信秀《のぶひで》につかえ、信秀《のぶひで》の息子の信長《のぶなが》と信行《のぶゆき》が成長すると、信行《のぶゆき》の家老《かろう》になった。うつけ者《もの》とよばれていた信長《のぶなが》をきらい、信秀《のぶひで》が病死したあとは信行《のぶゆき》を当主にしようと画策《かくさく》するが、信長《のぶなが》と対峙《たいじ》した稲生《いのう》の戦《たたか》いで敗北。以後は、信長《のぶなが》に忠義《ちゅうぎ》をつくし、信長《のぶなが》からも重用《ちょうよう》された。

姉川《あねがわ》の戦《たたか》いや、長篠合戦《ながしののかっせん》などに参陣《さんじん》して武功《ぶこう》をかさねた勝家《かついえ》は、一五七五年、越前一向一揆《えちぜんいっこういっき》をしずめた功績《こうせき》で越前《えちぜん》をあたえられ、北ノ庄城《きたのしょうじょう》の城主《じょうしゅ》となる。そこを拠点《きょてん》にして加賀《かが》の平定《へいてい》にかかるが、同時期に上杉謙信《うえすぎけんしん》も加賀《かが》に進出し、手取川《てどりがわ》の戦《たたか》いで敗北をきっする。しかし、謙信《けんしん》の死後に反撃《はんげき》し、一五八〇年に加賀平定《かがへいてい》を達成して、能登《のと》と越中《えっちゅう》も奪取《だっしゅ》した。

一五八二年、本能寺《ほんのうじ》の変《へん》で信長《のぶなが》が死亡《しぼう》し、その後継者《こうけいしゃ》をきめる清《きよ》洲会議《すかいぎ》において、明智光秀《あけちみつひで》をいちはやく攻撃《こうげき》した羽柴《はしば》（のちの豊《とよ》臣《とみ》）秀吉《ひでよし》が有力者となった。勝家《かついえ》は、信長《のぶなが》の妹、お市《いち》の方《かた》を正室《せいしつ》にむかえ、自分が織田家《おだけ》をささえると主張《しゅちょう》して秀吉《ひでよし》と対立。賤ヶ岳《しずがたけ》の戦《たたか》いで羽柴軍《はしばぐん》と激突《げきとつ》するも、やぶれた勝家《かついえ》は、北ノ庄城《きたのしょうじょう》にもどり、お市《いち》の方《かた》とともに自害した。

にっかりわらう女の幽霊《ゆうれい》　おぞましい伝説をもつ刀

柴田勝家《しばたかついえ》の甲冑《かっちゅう》は現存《げんぞん》していないが、肖像画《しょうぞうが》や浮世絵《うきよえ》では、重厚《じゅうこう》な具足《ぐそく》を着用した、たくましい姿《すがた》でえがかれている。

にっかり青江《あおえ》（丸亀市立資料館蔵《まるがめしりつしりょうかんぞう》）は、勝家《かついえ》が入手する前からこの名前がつけられていた。「この刀の所有者が、領内《りょうない》に化け物がでるといううわさをきいて、ある夜にたしかめにいった。すると、にっかりとわらう女の幽霊《ゆうれい》にでくわしたため、一刀のもとに斬《き》りすてた。翌朝《よくあさ》、その場所をたしかめると、真っ二つになった石灯籠《いしどうろう》がころがっていた」という伝説をもつ。

丹羽直違《にわすじかい》

丹羽長秀《にわながひで》

生没年《せいぼつねん》 一五三五年～一五八五年

出身地《しゅっしんち》 尾張《おわり》（愛知県《あいちけん》）

居城《きょじょう》 佐和山城《さわやまじょう》（滋賀県《しがけん》）

甲冑《かっちゅう》 不明

武器《ぶき》 鉋切長光《かんなぎりながみつ》

政治《せいじ》と軍事《ぐんじ》で手腕《しゅわん》を発揮《はっき》
安土城《あづちじょう》をきずいた武将《ぶしょう》

織田信長《おだのぶなが》の重臣《じゅうしん》として武功《ぶこう》をかさねたうえ、安土城築城《あづちじょうちくじょう》の奉行《ぶぎょう》をつとめるなど、政治《せいじ》でも活躍《かつやく》した武将《ぶしょう》。通称《つうしょう》、五郎左衛門《ごろうざえもん》。

丹羽長秀《にわながひで》は、若《わか》いころから信長《のぶなが》につかえ、桶狭間《おけはざま》の戦《たたか》いや長篠合《ながしのかっ》戦《せん》など、多くの合戦に参陣《さんじん》して武《ぶ》功《こう》をあげた。また、政治《せいじ》においても、名茶器の収集《しゅうしゅう》や造船《ぞうせん》の手配など、多方面の責任者《せきにんしゃ》をつとめて成果をあげた。信長《のぶなが》が天下に号令をくだす目的できずいた安土城《あづちじょう》も、長秀《ながひで》が築城《ちくじょう》の指揮《しき》をまかされ、全国初となる大規模《だいきぼ》な天守《てんしゅ》の設置《せっち》や、山をかこむ石垣《いしがき》の構築《こうちく》など、信長《のぶなが》の大胆《だいたん》な発想をくんで、みごとに実現《じつげん》させている。

信長《のぶなが》は、「長秀《ながひで》は友であり兄弟である」といって、あつく信頼《しんらい》をよせたという。また、長秀《ながひで》を米になぞらえ、なくてはならない存在《そんざい》という意味で「米五郎左《こめごろうざ》」とあだ名したともいわれる。

本能寺《ほんのうじ》の変《へん》で信長《のぶなが》が死亡《しぼう》すると、長秀《ながひで》は、羽柴《はしば》（のちの豊臣《とよとみ》）秀吉《ひでよし》と合流して、明智光秀《あけちみつひで》をやぶった。清洲会議《きよすかいぎ》や賤ヶ岳《しずがたけ》の戦《たたか》いでも秀吉《ひでよし》に味方したことで、のちに長秀《ながひで》は、秀吉《ひでよし》から越前《えちぜん》などに広大な領地《りょうち》をあたえられて、大名となる。

一五八五年、長秀《ながひで》は胃がんで病《びょう》没《ぼつ》した。だが、一説には、織田氏《おだし》をないがしろにした秀吉《ひでよし》に抗議《こうぎ》するため、自害したともいわれる。

大工の怨念《おんねん》がやどるという いわくつきの名刀

鉋切長光《かんなぎりながみつ》（徳川《とくがわ》ミュージアム蔵《ぞう》）は、丹羽長《にわなが》秀《ひで》が織田信長《おだのぶなが》に名茶器をとりあげられたとき、かわりにさずかった刀とされる。この刀には、鉋《かんな》もろとも斬《き》り殺された大工の怨念《おんねん》がやどっているという伝説があり、以前の所有者が重病にかかったという逸話《いつわ》もある。長秀《ながひで》が所用したのち、蒲生氏郷《がもううじさと》にわたり、その後、徳川家光《とくがわいえみつ》に献《けん》上《じょう》されて、将軍家《しょうぐんけ》の所蔵《しょぞう》となった。

なお、信長《のぶなが》がとりあげた名茶器は、以前、長《なが》秀《ひで》が安土城《あづちじょう》の築城《ちくじょう》を完遂《かんすい》させた褒美《ほうび》として、信《のぶ》長《なが》からあたえられたものである。

丸《まる》に竪木瓜《たてもっこう》

滝《たき》川《がわ》一《かず》益《ます》

生没年《せいぼつねん》 一五二五年〜一五八六年

出身地《しゅっしんち》 近江《おうみ》（滋賀県《しがけん》）

居城《きょじょう》 厩橋城《まやばしじょう》（群馬県《ぐんまけん》）

甲冑《かっちゅう》 不明

武器《ぶき》 不明

鉄砲《てっぽう》の名手で用兵の達人
信長《のぶなが》の死で悲運の凋落《ちょうらく》

鉄砲術《てっぽうじゅつ》に精通《せいつう》し、用兵を得意とした織田信長《おだのぶなが》の重臣《じゅうしん》。信長の躍進《やくしん》に大きく貢献《こうけん》するも、信長《のぶなが》の死後は没落《ぼつらく》して、出家した。

滝川一益《たきがわかずます》は、織田家《おだけ》の尾張《おわり》にほどちかい近江《おうみ》の出身で、幼少《ようしょう》から鉄砲術《てっぽうじゅつ》にひいでていた。信長《のぶなが》の活《かつ》躍《やく》をきいて織田家《おだけ》に仕官《しかん》し、射撃《しゃげき》を披露《ひろう》して信長《のぶなが》に気にいられ、家《か》臣《しん》になったといわれる。

戦場でのかけひきを得意とした一益《かずます》は、「退《ひ》くも滝川《たきがわ》、すすむも滝川《たきがわ》」と称賛《しょうさん》され、さまざまな局面で活躍《かつやく》した。長島一向一揆《ながしまいっこういっき》の鎮《ちん》圧《あつ》では、九鬼嘉隆《くきよしたか》ひきいる九鬼水《くきすい》軍《ぐん》とともにたたかい、海上からのみごとな援護射撃《えんごしゃげき》で陸上の織田軍《おだぐん》をたすけた。武田騎馬隊《たけだきばたい》をやぶった長篠合戦《ながしののかっせん》では、一益《かずます》が織田鉄砲《おだてっぽう》隊《たい》の総指揮《そうしき》をとっている。

一益《かずます》は、柴田勝家《しばたかついえ》、丹羽長秀《にわながひで》、明智光秀《あけちみつひで》、羽柴《はしば》（のちの豊臣《とよとみ》）秀《ひで》吉《よし》とならぶ重臣《じゅうしん》になったが、信長《のぶなが》の死で状況《じょうきょう》が一変する。本能寺《ほんのうじ》の変《へん》の際《さい》、関東地方《かんとうちほう》にいた一益《かずます》は、北条氏《ほうじょうし》との合戦に大敗して逃《とう》走《そう》。そのため、清洲会議《きよすかいぎ》に間にあわず、敵前逃亡《てきぜんとうぼう》の汚名《おめい》をうけて、地位が急落する。賤ヶ岳《しずがたけ》の戦《たたか》いでは柴田勝家《しばたかついえ》に味方して敗者となり、小牧《こまき》・長久手《ながくて》の戦《たたか》いでは徳川家康《とくがわいえやす》に敗北。立場をうしなった一益《かずます》は、出家して友人の丹羽長秀《にわながひで》のもとでくらし、隠退《いんたい》したまま世をさった。

鉄砲隊《てっぽうたい》や鉄甲船《てっこうせん》を実戦投入 最新武器《ぶき》に精通《せいつう》した一益《かずます》

長篠合戦《ながしののかっせん》で、織田軍《おだぐん》は、滝川一益《たきがわかずます》の指揮《しき》のもと、大量の鉄砲で一斉射撃《いっせいしゃげき》をおこない、武田騎《たけだき》馬隊《ばたい》を翻弄《ほんろう》して勝利をおさめたといわれる。ただし、「三千丁《ちょう》の鉄砲《てっぽう》で三段撃《さんだんう》ちをした」というのは、のちの創作《そうさく》ともいわれる。

木津川河口《きづがわかこう》で毛利水軍《もうりすいぐん》と激突《げきとつ》した二回目の海戦で、一益《かずます》は、装甲《そうこう》に鉄板をもちいた巨大《きょだい》な船「鉄甲船《てっこうせん》」を実戦投入《じっせんとうにゅう》して、勝利をおさめた。

新技術《しんぎじゅつ》をいちはやくとりいれ、常識《じょうしき》やぶりの斬新《ざんしん》な発想をしたことで、一益《かずます》は、織田信長《おだのぶなが》に重用《ちょうよう》され、異例《いれい》の出世をとげた。

桔梗《ききょう》

明《あけ》智《ち》光《みつ》秀《ひで》

生没年《せいぼつねん》　一五二八年ごろ～一五八二年

出身地《しゅっしんち》　美濃《みの》（岐阜県《ぎふけん》）

居城《きょじょう》　坂本城《さかもとじょう》（滋賀県《しがけん》）、亀山城《かめやまじょう》（京都府《きょうとふ》）

甲冑《かっちゅう》　紅糸威本小札二枚胴具足《あかいとおどしほんこざねにまいどうぐそく》

武器《ぶき》　備州長船近景《びしゅうおさふねちかかげ》（明智近景《あけちちかかげ》）

「敵《てき》は本能寺《ほんのうじ》にあり」主君《しゅくん》の信長《のぶなが》を討《う》った武将《ぶしょう》

織田信長《おだのぶなが》のもとで朝廷《ちょうてい》や幕府《ばくふ》との交渉役《こうしょうやく》をつとめて重臣《じゅうしん》となるも、突如《とつじょ》、謀叛《むほん》をおこし、本能寺《ほんのうじ》の変《へん》で信長《のぶなが》を死においつめた武将《ぶしょう》。娘《むすめ》に、細川忠興《ほそかわただおき》の妻《つま》でありキリシタンのガラシャがいる。

明智光秀《あけちみつひで》は、はじめは美濃《みの》の斎《さい》藤道三《とうどうさん》につかえ、つぎに越前《えちぜん》の朝《あさ》倉義景《くらよしかげ》のもとではたらき、その後、将軍家《しょうぐんけ》の足利義昭《あしかがよしあき》の幕臣《ばくしん》となった。信長《のぶなが》にめしかかえられたのは、四十歳《さい》前後だといわれる。幕府《ばくふ》と朝廷《ちょうてい》につながりをもつ光秀《みつひで》は、天《てん》下統一《かとういつ》をめざす信長《のぶなが》にかかせない重要な交渉役《こうしょうやく》をつとめて成果をあげ、織田家《おだけ》の重臣《じゅうしん》になった。各地の合戦でも活躍《かつやく》し、丹波《たんば》を攻略《こうりゃく》したときには、信長《のぶなが》から「家臣《かしん》一番のはたらき」とほめられている。

一五八二年、信長《のぶなが》が、中国地方《ちゅうごくちほう》の攻略《こうりゃく》にむかう道中で、京《きょう》の本能《ほんのう》寺《じ》に宿泊《しゅくはく》した。光秀《みつひで》は、「敵《てき》は本《ほん》能寺《のうじ》にあり」と自軍を指揮《しき》して本《ほん》能寺《のうじ》を襲撃《しゅうげき》し、信長《のぶなが》を自害においこんだ。さらに軍勢《ぐんぜい》をすすめて、近江《おうみ》と美濃《みの》を支配下《しはいか》におく。

しかし、羽柴《はしば》（のちの豊臣《とよとみ》）秀《ひで》吉《よし》の反撃《はんげき》をうけ、山崎《やまざき》の戦《たたか》いで敗北。最後は、自害したとも、農民に竹槍《たけやり》でさされたともいわれる。

光秀《みつひで》が謀叛《むほん》をおこした理由は、信長《のぶなが》への怨恨説《えんこんせつ》や、朝廷《ちょうてい》からの密《みつ》命《めい》説など、さまざまな説があるが、現在《げんざい》でも謎《なぞ》につつまれている。

刀に彫《ほ》られた明智《あけち》の名をのちの所有者がけずりとる

紅糸威本小札二枚胴具足《あかいとおどしほんこざねにまいどうぐそく》（井伊美術館蔵《いいびじゅつかんぞう》）は、小さな短冊状《たんざくじょう》の装甲《そうこう》である「小札《こざね》」を、あざやかな赤い糸で連結した（威《おど》した）具足《ぐそく》。兜《かぶと》の前《まえ》立《だて》には、不動明王《ふどうみょうおう》がもっている武器《ぶき》の三鈷剣《さんこけん》がそびえる。

備州長船近景《びしゅうおさふねちかかげ》（個人蔵《こじんぞう》）は、明智近景《あけちちかかげ》ともよばれる。もとは、「備州長船近景《びしゅうおさふねちかかげ》 暦応《りゃくおう》二年 明智日向守所持《あけちひゅうがのかみしょじ》」と刀にきざまれていたが、のちの所有者が、明智光秀《あけちみつひで》の悪名をきらい、その文字と近景《ちかかげ》の銘《めい》などをけずりとったため、現在《げんざい》では「暦応《りゃくおう》」の二文字がのこるのみだという。

加賀梅鉢《かがうめばち》

前田利家《まえだとしいえ》

生没年《せいぼつねん》 一五三八年～一五九九年

出身地《しゅっしんち》 尾張《おわり》（愛知県《あいちけん》）

居城《きょじょう》 金沢城《かなざわじょう》（石川県《いしかわけん》）

甲冑《かっちゅう》 金小札白糸素懸威胴丸具足《きんこざねしろいとすがけおどしどうまるぐそく》

武器《ぶき》 （刀）大典太光世《おおでんたみつよ》・（槍）不明

加賀《かが》百万石《ごく》の大名になった かぶき者《もの》「槍《やり》の又左衛門《またざえもん》」

織田信長《おだのぶなが》につかえて得意の槍《やり》で武功《ぶこう》をあげた武将《ぶしょう》で、信長《のぶなが》の死後は豊臣秀吉《とよとみひでよし》にしたがい、加賀《かが》百万石《ごく》をえた大名。通称《つうしょう》、又左衛門《またざえもん》。

前田利家《まえだとしいえ》は、少年期から信長《のぶなが》につかえていたが、喧嘩《けんか》がすきな乱《らん》暴者《ぼうもの》で、服装《ふくそう》も派手《はで》だったため、そのような人物をさす「かぶき者《もの》」とよばれた。一方で、槍《やり》での戦闘《せんとう》がめっぽう強く、「槍《やり》の又左《またざ》衛門《えもん》」ともあだ名された。

信長《のぶなが》が織田家《おだけ》の当主につくと、利家《としいえ》は、信長直属《のぶながちょくぞく》の精鋭《せいえい》部隊である赤母衣衆《あかほろしゅう》に抜擢《ばってき》された。しかし、信長《のぶなが》のお気にいりの茶坊主《ちゃぼうず》を殺してしまい、織田家《おだけ》から追放《ついほう》される。すると利家《としいえ》は、桶狭間《おけはざま》の戦《たたか》いなどに勝手に参戦して手柄《てがら》をあげ、のちに復帰《ふっき》をゆるされた。以後、各地の合戦で活躍《かつやく》し、加賀平定《かがへいてい》では柴田勝家《しばたかついえ》の部下として従軍《じゅうぐん》した。

本能寺《ほんのうじ》の変《へん》で信長《のぶなが》が死亡《しぼう》すると、後継者《こうけいしゃ》をめぐり、秀吉《ひでよし》と勝家《かついえ》が対立。利家《としいえ》は、秀吉《ひでよし》とは家族ぐるみで仲がよく、勝家《かついえ》とも上司と部下という間柄《あいだがら》だったため、賤ヶ岳《しずがたけ》の戦《たたか》いでは、どちらにも味方せずに戦線を離脱《りだつ》。その後、勝利した秀《ひで》吉《よし》のもとへ降参《こうさん》した。

利家《としいえ》は、秀吉《ひでよし》から重用《ちょうよう》された。北陸《ほくりく》に広大な領地《りょうち》をあたえられ、五大老《ごたいろう》という重役について豊臣政《とよとみせい》権《けん》を補佐《ほさ》した。そして、秀吉《ひでよし》の死の翌年《よくとし》、病気でこの世をさった。

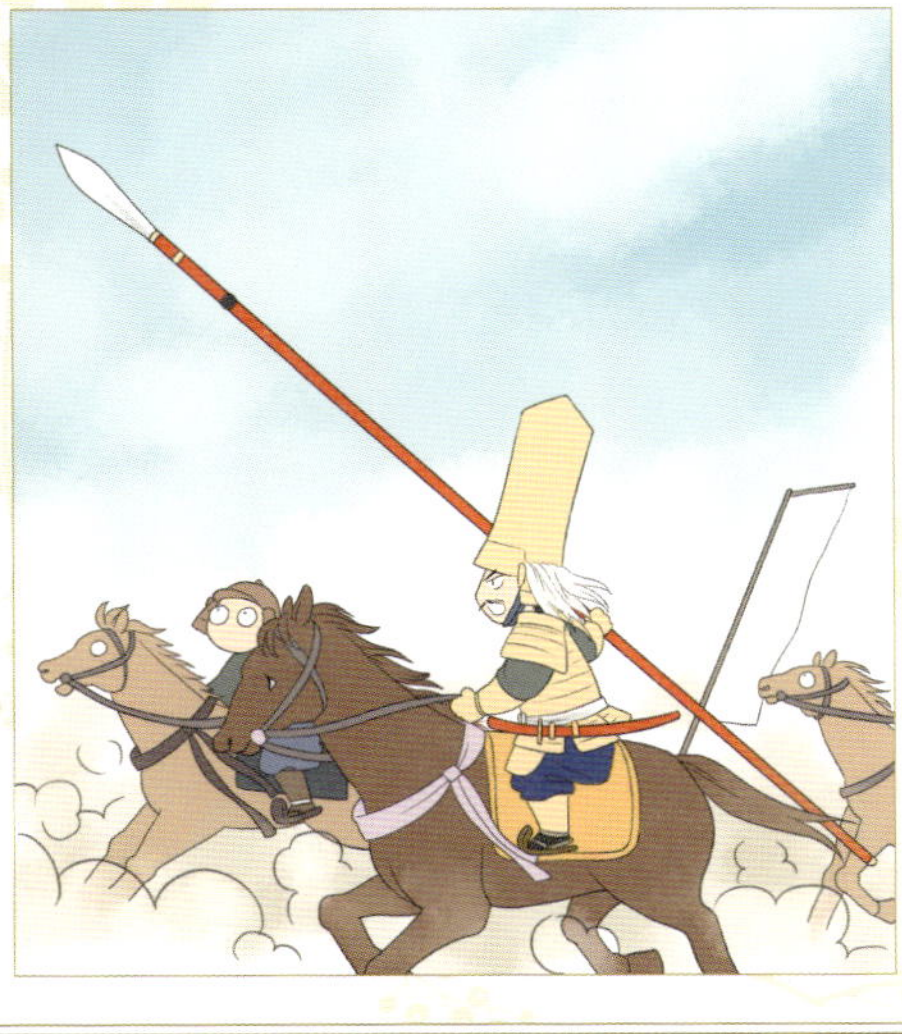

金の甲冑《かっちゅう》に長い槍《やり》 「かぶき者《もの》」利家《としいえ》の武装《ぶそう》

金小札白糸素懸威胴丸具足《きんこざねしろいとすがけおどしどうまるぐそく》（前田育徳会蔵《まえだいくとくかいぞう》）は、全身に金箔《きんぱく》をほどこした、いかにもかぶき者《もの》の前田利家《まえだとしいえ》らしい豪華絢爛《ごうかけんらん》な甲冑《かっちゅう》で、これを戦場で着用していたとされる。大典太光世《おおでんたみつよ》（前《まえ》田育徳会蔵《だいくとくかいぞう》）は、病床《びょうしょう》の秀吉《ひでよし》が、形見《かたみ》わけとして利家《としいえ》にあたえたといわれる名刀である。「槍《やり》の又左衛門《またざえもん》」の異名《いみょう》をもつ利家《としいえ》は、長さ六メートル以上もある槍《やり》を愛用していたともいわれる。姉川《あねがわ》の戦《たたか》いでは、その長い槍《やり》をふるって武功《ぶこう》をあげ、織田信長《おだのぶなが》から「天下第一の槍《やり》」と絶賛《ぜっさん》されて、その名を全国にとどろかせた。

武田菱《たけだびし》

武《たけ》田《だ》信《しん》玄《げん》

生没年《せいぼつねん》　一五二一年～一五七三年

出身地《しゅっしんち》　甲斐《かい》（山梨県《やまなしけん》）

居　城《きょじょう》　躑躅ヶ崎館《つつじがさきやかた》（山梨県《やまなしけん》）

甲冑《かっちゅう》　色々威胴丸具足
いろいろおどしどうまるぐそく

武器《ぶき》　来国長
らいくになが

最強騎《き》馬《ば》隊《たい》をひきいて天下を見すえた「甲斐《かい》の虎《とら》」

戦国最強の武田騎馬隊《たけだきばたい》をひきいた、甲斐《かい》の大名。上杉謙信《うえすぎけんしん》と川中《かわなか》島《じま》の戦《たたか》いで幾度《いくど》もたたかった。信《しん》玄《げん》の名は一五五九年に出家してから の法名《ほうみょう》で、以前は晴信《はるのぶ》という。

武田信玄《たけだしんげん》の父、信虎《のぶとら》は、さから う家臣《かしん》を殺したり、領民《りょうみん》に重税《じゅうぜい》を かけたりと、悪政《あくせい》をしく大名だった。一五四一年、信玄《しんげん》は、家臣《かしん》とともに決起して信虎《のぶとら》を追放し、武《たけ》田家《だけ》当主となって、「人は石垣《いしがき》、人は城《しろ》」という信念のもと、改革《かいかく》を実施《じっし》する。田畑や川や道路を整《せい》備《び》し、金山の開発にも注力したことで、甲斐《かい》はゆたかになり、家臣《かしん》や領民《りょうみん》との結束力も強くなった。信玄《しんげん》は、軍事にも力をそそいだ。

練成《れんせい》した武田騎馬隊《たけだきばたい》は戦国最強といわれ、登用《とうよう》した屈強《くっきょう》な武将《ぶしょう》たちは、武田二十四将《たけだにじゅうししょう》とよばれた。その軍事力をもって信濃《しなの》や駿河《するが》など隣国《りんごく》に攻《せ》めこみ、連勝して領地《りょうち》を拡大《かくだい》。あまりの強さから、信玄《しんげん》は「甲斐《かい》の虎《とら》」とあだ名された。

そこに越後《えちご》の上杉謙信《うえすぎけんしん》がたちはだかり、信濃《しなの》の川中島《かわなかじま》で五回にわたり合戦。もっとも激化《げきか》したのが四回目の合戦で、信玄《しんげん》と謙信《けんしん》が一《いっ》騎打《きう》ちしたとつたわる。

天下取りを見すえ、京《きょう》へ上洛《じょうらく》するために出陣《しゅつじん》した信玄《しんげん》は、三方《みかた》ヶ《が》原《はら》の戦《たたか》いで徳川家康《とくがわいえやす》をやぶった直後、病《やまい》にたおれる。そして、甲斐《かい》にもどる道中で、無念の死をとげた。

兵法《へいほう》に精通《せいつう》した信玄《しんげん》「風林火山《ふうりんかざん》」は孫子《そんし》の一節

武田信玄《たけだしんげん》の旗印《はたじるし》には、「疾如風徐如林侵掠如火不動如山」（疾《はや》きこと風の如《ごと》く、徐《しず》かなること林の如《ごと》し、侵掠《しんりゃく》すること火の如《ごと》く、動かざること山の如《ごと》し）としるされている。これは、中《ちゅう》国《ごく》の兵法書《へいほうしょ》『孫子《そんし》』の一節をぬきだしたもの。「風林火山《ふうりんかざん》」という言葉で有名だが、この略称《りゃくしょう》は、のちの時代に創作《そうさく》されたものだという。

色々威胴丸具足《いろいろおどしどうまるぐそく》（富士山本宮浅間大社蔵《ふじさんほんぐうせんげんたいしゃぞう》）は、紫《むらさき》、赤、白の糸で小札《こざね》を連結している。来国長《らいくにnone》（恵林寺蔵《えりんじぞう》）は信玄《しんげん》の愛刀で、ほかにも、和泉《いずみの》守兼定《かみかねさだ》という名刀をもっていた。

左《ひだり》三《み》つ巴《どもえ》

山《やま》本《もと》勘《かん》助《すけ》

生没年《せいぼつねん》 一四九三年ごろ〜一五六一年ごろ

出身地《しゅっしんち》 三河《みかわ》(愛知県《あいちけん》)

居城《きょじょう》 不明

甲冑《かっちゅう》 不明

武器《ぶき》 不明

すぐれた智略《ちりゃく》で名をはせた 武田《たけだ》の伝説的軍師《ぐんし》

武田信玄《たけだしんげん》に見いだされ、作戦をたてる役の軍師《ぐんし》となって、武田軍《たけだぐん》を連勝させた智将《ちしょう》。武田二十四将《たけだにじゅうししょう》のひとりだが、謎《なぞ》の多い人物で、実在《じつざい》しないとする説もある。

山本勘助《やまもとかんすけ》は、片方《かたほう》の目を失明していて、足も片方《かたほう》が不自由だった。若《わか》いころ、全国を旅して兵法《へいほう》や城《しろ》づくりをまなび、その知識《ちしき》をもって各地の大名に仕官《しかん》をもうしこむも、不自由な目と足を理由に門前ばらいされたという。

勘助《かんすけ》は、四十歳《さい》ごろに武田家《たけだけ》に仕官《しかん》をもうしこんだ。信玄《しんげん》に気にいられて家来《けらい》になると、すぐさま智略《ちりゃく》にとんだ才能《さいのう》を発揮《はっき》する。攻《せ》めにくく守りやすい城《しろ》をきずき、忍者集団《にんじゃしゅうだん》をつかって敵情《てきじょう》をさぐり、合戦ではみごとな作戦をたてて、武田軍《たけだぐん》を勝利させた。よろこんだ信玄《しんげん》は、勘助《かんすけ》を軍師《ぐんし》に抜擢《ばってき》し、武《たけ》田軍《だぐん》の戦略《せんりゃく》の策案《さくあん》をまかせた。

勘助《かんすけ》は、信玄《しんげん》の前に幾度《いくど》となくたちはだかる上杉謙信《うえすぎけんしん》をやぶるため、四回目となる川中島《かわなかじま》の戦《たたか》いで、「啄木鳥戦法《きつつきせんぽう》」を立案する。これは、キツツキが木をつつき、なかの虫がおどろいてでてきたところを喰《く》らうということになぞらえた、画期的な戦法だった。しかし、上《うえ》杉謙信《すぎけんしん》はこれを見ぬいて、攻撃《こうげき》をかけてきた。敗色をさとった勘助《かんすけ》は、みずから最前線にたって奮戦《ふんせん》し、壮絶《そうぜつ》な戦死をとげた。

巧妙《こうみょう》な「啄木鳥戦法《きつつきせんぽう》」とそれを見ぬく謙信《けんしん》の洞察力《どうさつりょく》

山本勘助《やまもとかんすけ》は、甲冑《かっちゅう》や武器《ぶき》、経歴《けいれき》などをしるした史料が少なく、謎《なぞ》の多い人物である。ただし、川中島《かわなかじま》の戦《たたか》い（四回目）の「啄木鳥戦法《きつつきせんぽう》」は、合戦で実行されたものである。なお、実際《じっさい》のキツツキの捕食《ほしょく》方法は、この戦法とはことなる。

作戦では、山の上に布陣《ふじん》した上杉軍《うえすぎぐん》の背後《はいご》に、武田軍《たけだぐん》の別働隊がまわりこんで攻撃《こうげき》し、おどろいて下山したところを本隊がたたくはずだった。しかし、気配を察知した上杉謙信《うえすぎけんしん》は、別働隊に攻撃《こうげき》される前にしずかに下山して、武田軍《たけだぐん》の本隊を急襲《きゅうしゅう》したのだった。

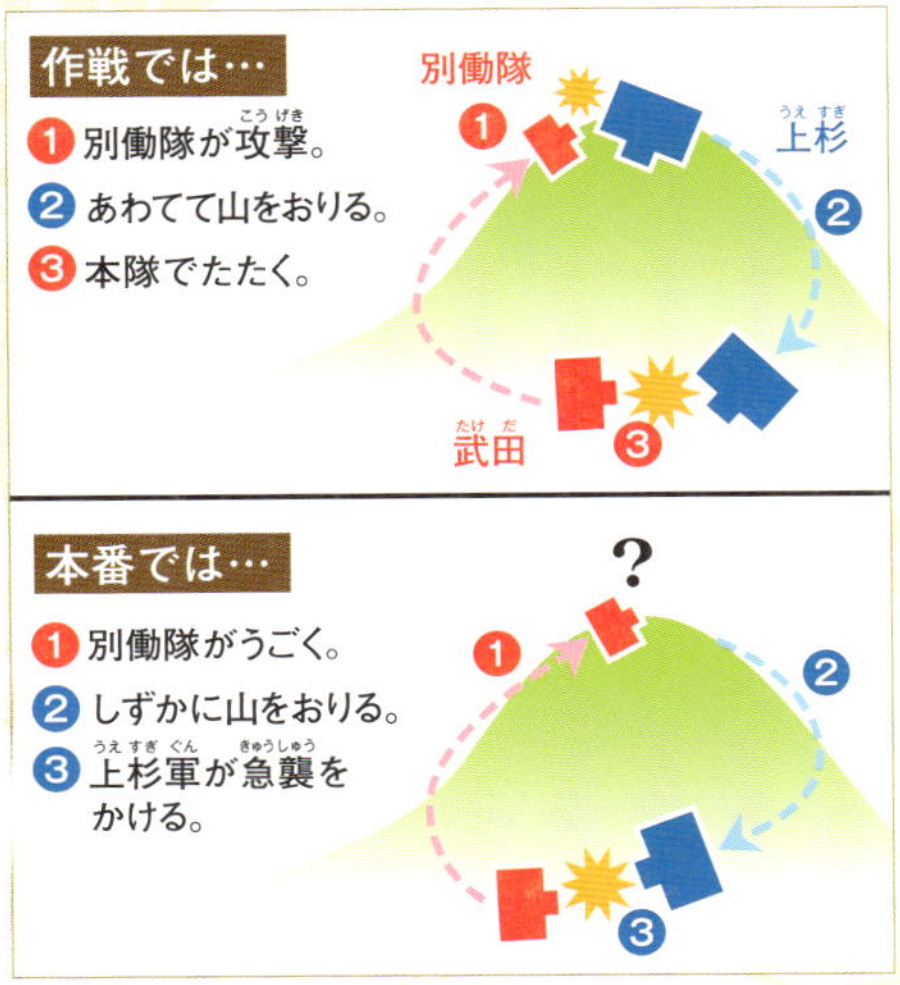
作戦では…
1 別働隊が攻撃《こうげき》。
2 あわてて山をおりる。
3 本隊でたたく。
別働隊
上杉《うえすぎ》
武田《たけだ》
本番では…
1 別働隊がうごく。
2 しずかに山をおりる。
3 上杉軍《うえすぎぐん》が急襲《きゅうしゅう》をかける。
?

武田菱《たけだびし》

武《たけ》田《だ》勝《かつ》頼《より》

生没年《せいぼつねん》 一五四六年～一五八二年

出身地《しゅっしんち》 甲斐《かい》（山梨県《やまなしけん》）

居《きょ》城《じょう》 新府城《しんぷじょう》（山梨県《やまなしけん》）

甲冑《かっちゅう》 紅糸威最上胴丸《くれないいとおどしもがみどうまる》

武器《ぶき》 甲斐国江《かいのくにごう》

信長《のぶなが》の鉄砲隊《てっぽうたい》にやぶれた 武田家《たけだけ》最後の当主

武田信玄《たけだしんげん》の息子で、その後継者《こうけいしゃ》として武田家《たけだけ》をついだ甲斐《かい》の大名。長篠合戦《ながしののかっせん》で、織田信長《おだのぶなが》の鉄砲隊《てっぽうたい》に騎馬隊《きばたい》が翻弄《ほんろう》されて大敗し、のちに武田家《たけだけ》を滅亡《めつぼう》させた。

武田勝頼《たけだかつより》は、信玄《しんげん》の四男にうまれた。信玄《しんげん》の長男は自殺（病死とも）、次男は失明により出家、三男は幼少《ようしょう》で病死したため、勝頼《かつより》が武田家《たけだけ》の家督《かとく》をつぐことになる。

信玄《しんげん》は、病没《びょうぼつ》の前に、「三年間は戦争をせず、政治《せいじ》に専念《せんねん》せよ」と遺言《ゆいごん》した。しかし、当主についた勝頼《かつより》は、家臣団《かしんだん》に自分の能力《のうりょく》をみとめさせようと遺言《ゆいごん》をやぶり、遠江《とおとうみ》と三河《みかわ》に侵攻《しんこう》する。そして、織田信長《おだのぶなが》と徳川家康《とくがわいえやす》の連合軍とたたかい、当初は連勝するも、三河《みかわ》の長篠城《ながしのじょう》を攻《せ》めた際《さい》に、戦国最強といわれた武田騎馬隊《たけだきばたい》が、織田鉄《おだてっ》砲隊《ぽうたい》に翻弄《ほんろう》され、大敗をきっした。

この長篠合戦《ながしののかっせん》で多数の兵をうしなった勝頼《かつより》は、形勢《けいせい》をたてなおすため、大胆《だいたん》な改革《かいかく》を実施《じっし》。信長《のぶなが》の侵攻《しんこう》にそなえて本拠《ほんきょ》を新府城《しんぷじょう》にうつし、敵対《てきたい》していた上杉氏《うえすぎし》と同盟《どうめい》をむすんだ。しかし、成果はでず、多くの家臣《かしん》からも見かぎられる。

織田《おだ》・徳川《とくがわ》連合軍に領内《りょうない》ふかくまで攻《せ》めこまれた勝頼《かつより》は、未完成の新府城《しんぷじょう》に火をはなって逃走《とうそう》した。しかし、信長《のぶなが》配下の滝川一益軍《たきがわかずますぐん》においつかれ、天目山《てんもくざん》で自害。勝頼《かつより》の死により、武田氏《たけだし》は滅亡《めつぼう》した。

威風堂々《いふうどうどう》たる甲冑《かっちゅう》 兜《かぶと》のいただきに富士山《ふじさん》

紅糸威最上胴丸《くれないいとおどしもがみどうまる》（富士山本宮浅間大社蔵《ふじさんほんぐうせんげんたいしゃぞう》）は、鉄製《てっせい》で、かなりの重量《じゅうりょう》がある。兜《かぶと》は、紅糸威鉄《くれないいとおどしてつ》錆地六十二間小星兜《さびじろくじゅうにけんこぼしかぶと》（西光寺蔵《さいこうじぞう》）で、前立《まえだて》に富《ふ》士山《じさん》があしらわれている。

甲斐国江《かいのくにごう》は、武田家《たけだけ》伝来の名刀で、刀工《とうこう》の江《ごう》（郷義弘《ごうのよしひろ》）がつくった。武田勝頼《たけだかつより》も使用していたとされ、勝頼《かつより》の死後に織田家《おだけ》の所有となり、それから、豊臣家《とよとみけ》、徳川家《とくがわけ》へとわたった。しかし、のちに焼失してしまい、現存《げんぞん》していない。

戦国最強とうたわれた武田騎馬隊《たけだきばたい》は、武田氏《たけだし》の滅亡《めつぼう》後、徳川家康《とくがわいえやす》の軍に編入《へんにゅう》された。

六連銭《ろくれんせん》

真田昌幸《さなだまさゆき》

生没年《せいぼつねん》 一五四七年～一六一一年

出身地《しゅっしんち》 信濃《しなの》（長野県《ながのけん》）

居城《きょじょう》 上田城《うえだじょう》（長野県《ながのけん》）

甲冑《かっちゅう》 啄木糸威伊予札胴具足《たくぼくいとおどしいよざねどうぐそく》

武器《ぶき》 三原の刀《みはらのかたな》

上田合戦《うえだかっせん》で徳川《とくがわ》を二度撃退《げきたい》 真田家存続《さなだけそんぞく》に尽力《じんりょく》した名将《めいしょう》

武田信玄《たけだしんげん》と勝頼《かつより》の二代につかえ、武田氏滅亡後《たけだしめつぼうご》は時勢《じせい》をよんで味方する大名をたびたびかえ、真田家《さなだけ》の存続《そんぞく》に力をつくした武将《ぶしょう》。息子に、信之《のぶゆき》と信繁《のぶしげ》がいる。

真田昌幸《さなだまさゆき》の父の幸隆《ゆきたか》と、兄の信綱《のぶつな》は、武田二十四将《たけだにじゅうししょう》にかぞえられる武田信玄《たけだしんげん》の重臣《じゅうしん》だった。昌幸《まさゆき》も才能《さいのう》を見いだされて、信玄《しんげん》の側近として登用《とうよう》される。しかし、信玄《しんげん》が病死した翌年《よくとし》に幸隆《ゆきたか》も病死。その翌年《よくとし》には信綱《のぶつな》をふくめたふたりの兄が長篠合戦《ながしののかっせん》で戦死し、昌幸《まさゆき》が真田家《さなだけ》をつぐことになった。昌幸《まさゆき》は、武田勝頼《たけだかつより》の重臣《じゅうしん》として活躍《かつやく》したが、織田信長《おだのぶなが》と徳川家康《とくがわいえやす》の連合軍に攻《せ》められて勝頼《かつより》が自害し、武《た》田氏《けだし》が滅亡《めつぼう》してしまう。

よりどころをうしなった昌幸《まさゆき》は、真田家存続《さなだけそんぞく》の道をさぐる。織田信《おだのぶ》長《なが》にちかづくも本能寺《ほんのうじ》の変《へん》が勃発《ぼっぱつ》。すぐに北条氏《ほうじょうし》に接近《せっきん》したが立場をかろんじられ、徳川家康《とくがわいえやす》につくと北条《ほうじょう》と徳川《とくがわ》が同盟《どうめい》して状況《じょうきょう》が悪化。今度は上杉氏《うえすぎし》と手をむすび、攻《せ》めてきた徳川軍《とくがわぐん》を第《だい》一次上田合戦《じうえだかっせん》で撃退《げきたい》する。この合戦で真田家《さなだけ》の名があがり、豊臣秀吉《とよとみひでよし》にとりいって、大名にみとめられた。

秀吉《ひでよし》の死後、第《だい》二次上田合戦《じうえだかっせん》で徳川軍《とくがわぐん》をやぶるも、関ヶ原《せきがはら》の戦《たたか》いで味方した西軍《せいぐん》が敗北。昌幸《まさゆき》は、息子の信繁《のぶしげ》とともに九度山《くどやま》に幽閉《ゆうへい》され、その地で病没《びょうぼつ》した。

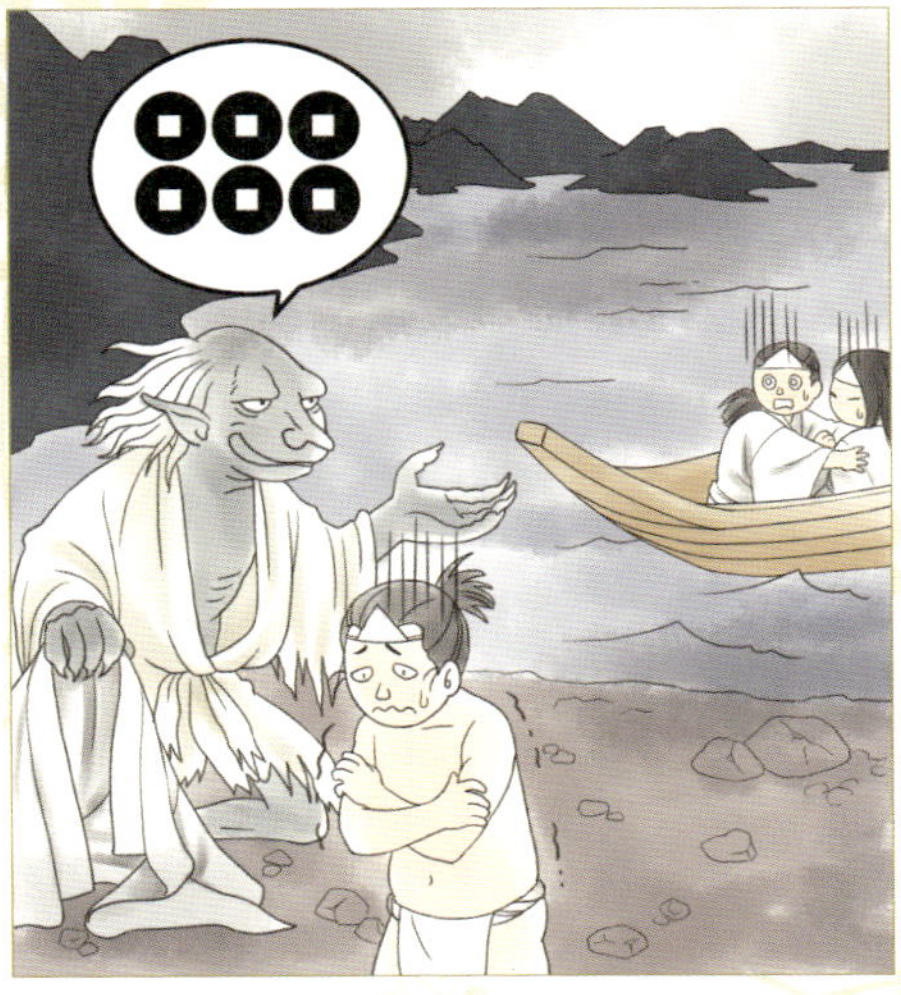

「三途《さんず》の川《かわ》の渡《わた》し代《だい》」の家紋《かもん》 決死の覚悟《かくご》で合戦にのぞむ

啄木糸威伊予札胴具足《たくぼくいとおどしいよざねどうぐそく》（個人蔵《こじんぞう》）には、腿《もも》を守る佩楯《はいだて》など、具足《ぐそく》の各所に、家紋《かもん》の六連銭《ろくれんせん》があしらわれている。六連銭《ろくれんせん》は、三途《さんず》の川《かわ》の渡《わた》し代《だい》を意味し、合戦での決意をあらわしている。

三途《さんず》の川《かわ》とは、仏教《ぶっきょう》の経典《きょうてん》にしるされる、現《げん》世《せ》とあの世の間にながれる川のこと。川をわたる舟にのせてもらう際《さい》、六文《もん》の渡《わた》し代《だい》がないと、衣類を身ぐるみはがされてしまうという。

三原《みはら》の刀《かたな》（真田宝物館蔵《さなだほうもつかんぞう》）は、真田昌幸《さなだまさゆき》が朝《ちょう》鮮《せん》に出兵した際《さい》の恩賞《おんしょう》として、豊臣秀吉《とよとみひでよし》からあたえられたものとつたわっている。

竹《たけ》に二《に》羽《わ》飛《と》び雀《すずめ》

上杉謙信《うえすぎけんしん》

生没年《せいぼつねん》 一五三〇年～一五七八年

出身地《しゅっしんち》 越後《えちご》（新潟県《にいがたけん》）

居城《きょじょう》 春日山城《かすがやまじょう》（新潟県《にいがたけん》）

甲冑《かっちゅう》 色々威腹巻・兜、壺袖付《いろいろおどしはらまき・かぶと、つぼそでつき》

武器《ぶき》 姫鶴一文字《ひめつるいちもんじ》

弱きをたすけ強きをくじく 乱世《らんせ》の英雄《えいゆう》「越後《えちご》の龍《りゅう》」

川中島《かわなかじま》の戦《たたか》いで武田信玄《たけだしんげん》と互角《ごかく》にわたりあった、越後《えちご》の大名。上杉謙信《うえすぎけんしん》という名は一五六一年に出家してからの法名《ほうみょう》で、以前は長尾《ながお》景虎《かげとら》、上杉政虎《うえすぎまさとら》、上杉輝虎《うえすぎてるとら》と、たびたび改名している。

上杉謙信《うえすぎけんしん》は、越後《えちご》の大名の長尾《ながお》為景《ためかげ》の子にうまれた。為景《ためかげ》が戦死して謙信《けんしん》の兄の晴景《はるかげ》が当主をついだが、家臣《かしん》の反乱《はんらん》で政治《せいじ》がみだれたことで、一五四八年に晴景《はるかげ》が退陣《たいじん》し、謙信《けんしん》が当主になった。その後、室町幕府《むろまちばくふ》の重職《じゅうしょく》である関東管領《かんとうかんれい》をつとめていた上杉憲政《うえすぎのりまさ》から家督《かとく》をゆずられ、名を長尾《ながお》から上杉《うえすぎ》にあらためる。

大名になった謙信《けんしん》は、領内《りょうない》の反乱《はんらん》をしずめて政治《せいじ》をただし、家臣《かしん》や領民《りょうみん》から尊敬《そんけい》をあつめた。また、なみはずれた戦上手《いくさじょうず》でありながら、天下取りや領地拡大《りょうちかくだい》をのぞまず、弱者に味方して強者の横暴《おうぼう》にたちむかった。そして、朝廷《ちょうてい》をうやまい幕府《ばくふ》を尊重《そんちょう》したことで、多くの大名や武将《ぶしょう》からも信頼《しんらい》をあつめた。

好敵手《こうてきしゅ》の武田信玄《たけだしんげん》とは、川中島《かわなかじま》で五回も合戦した。「甲斐《かい》の虎《とら》」といわれる信玄《しんげん》と唯一互角《ゆいいつごかく》にわたりあった謙信《けんしん》は、「越後《えちご》の龍《りゅう》」や「軍神《ぐんしん》」とよばれる。

一五七七年、柴田勝家《しばたかついえ》ひきいる織田軍《おだぐん》に、手取川《てどりがわ》の戦《たたか》いで勝利したが、その翌年《よくとし》に病死した。生涯《しょうがい》、独身《どくしん》で、実子《じっし》はいなかった。

飯縄権現《いづなごんげん》をあしらった兜《かぶと》 刀にやどる姫《ひめ》の伝説

色々威腹巻《いろいろおどしはらまき》・兜《かぶと》、壺袖付《つぼそでつき》（上杉神社蔵《うえすぎじんじゃぞう》）は、行列などで威厳《いげん》をしめす際《さい》に着用したものとされる。兜《かぶと》の前立《まえだて》には、上杉謙信《うえすぎけんしん》が信仰《しんこう》した神仏《しんぶつ》のひとつの飯縄権現《いづなごんげん》があしらわれている。

姫鶴一文字《ひめつるいちもんじ》（米沢市上杉博物館蔵《よねざわしうえすぎはくぶつかんぞう》）は、一メートルをこえる長い刀で、刀名には伝説がある。「謙信《けんしん》が、この刀をみがきあげて短くするよう、砥師《とぎし》に依頼《いらい》した。砥師《とぎし》は、夢《ゆめ》のなかで、刀をみがきあげないでほしいと懇願《こんがん》する、鶴《つる》という名の姫《ひめ》にあう。その話をきいた謙信《けんしん》は、みがきあげを中止し、刀を姫鶴一文字《ひめつるいちもんじ》と名づけた。」

三《み》つ鱗《うろこ》

北条氏康《ほうじょううじやす》

生没年《せいぼつねん》 一五一五年〜一五七一年

出身地《しゅっしんち》 相模《さがみ》（神奈川県《かながわけん》）

居城《きょじょう》 小田原城《おだわらじょう》（神奈川県《かながわけん》）

甲冑《かっちゅう》 不明

武器《ぶき》 山姥切《やまんばぎり》

劣勢《れっせい》の河越夜戦《かわごえやせん》で大勝利 関東《かんとう》を統《す》べた「相模《さがみ》の獅子《しし》」

隣国《りんごく》の列強としのぎをけずり、関東地方《かんとうちほう》一帯を支配下《しはいか》において、北条氏《ほうじょうし》の全盛期《ぜんせいき》をきずいた大名。

北条氏康《ほうじょううじやす》は、「最初の戦国大名」とよばれる北条早雲《ほうじょうそううん》の孫にあたる。早雲《そううん》は、戦国時代《せんごくじだい》初期に室町幕府《むろまちばくふ》の役人から武将《ぶしょう》に転身し、連戦のすえに伊豆《いず》と相模《さがみ》を平定《へいてい》した豪傑《ごうけつ》で、その間に小田原城《おだわらじょう》を奪取《だっしゅ》した。二代目の北条氏綱《ほうじょううじつな》は、本拠《ほんきょ》を小田《おだ》原城《わらじょう》におき、武蔵《むさし》の半分、駿河《するが》の半分、下総《しもうさ》の一部まで領地《りょうち》を拡大《かくだい》。それをうけつぎ、北条家《ほうじょうけ》の三代目当主となったのが、氏康《うじやす》である。

一五四六年、関東《かんとう》北部を支配《しはい》する上杉氏《うえすぎし》が足利氏《あしかがし》と連合し、八万の大軍で、北条氏《ほうじょうし》の配下にある武蔵《むさし》の河越城《かわごえじょう》を包囲した。八千の援軍《えんぐん》で加勢《かせい》にかけつけた氏康《うじやす》は、夜襲《やしゅう》をかけて敵《てき》を撃退《げきたい》。この河越《かわごえ》夜戦《やせん》での勝利をきっかけに、反攻《はんこう》をかけた氏康《うじやす》は、武蔵全域《むさしぜんいき》と、上《こう》野《ずけ》や下野《しもつけ》の一部にまで領地《りょうち》をおしひろげた。また、大軍をひきいた上杉謙信《うえすぎけんしん》に小田原城《おだわらじょう》を攻《せ》められた際《さい》は、城《しろ》にこもる戦法の籠城戦《ろうじょうせん》で撃退《げきたい》に成功。その無双《むそう》ぶりから、氏康《うじやす》は「相模《さがみ》の獅子《しし》」とよばれた。

氏康《うじやす》は、内政《ないせい》にも注力して、領《りょう》民《みん》からしたわれた。また、武田氏《たけだし》と今川氏《いまがわし》との間に三国同盟《さんごくどうめい》をむすぶなど、外交でも手腕《しゅわん》を発揮《はっき》。その後、北条家《ほうじょうけ》の将来《しょうらい》を四代目の氏《うじ》政《まさ》にたくして、病没《びょうぼつ》した。

戦場での奮戦《ふんせん》をものがたる「氏康《うじやす》の向疵《むこうきず》」の逸話《いつわ》

北条氏康《ほうじょううじやす》が所用したとされる山姥切《やまんばぎり》（徳川美《とくがわび》術館蔵《じゅつかんぞう》）は、山姥切長義《やまんばぎりながよし》ともよばれ、刀工《とうこう》の長《なが》義《よし》がつくった名刀である。その後、堀川国広《ほりかわくにひろ》という刀工《とうこう》が、この刀を複製《ふくせい》して、山姥切国広《やまんばぎりくにひろ》をつくった。こちらは、国広《くにひろ》の最高傑作《さいこうけっさく》ともいわれ、化け物の山姥《やまんば》を斬《き》りすてたという逸話《いつわ》は、国広《くにひろ》作の刀にまつわる。

氏康《うじやす》は、生涯《しょうがい》で三十六回の合戦において、一度も敵《てき》に背《せ》をむけたことがなく、うけた傷《きず》のすべては、体の正面側につく「向《む》こう傷《きず》」だったという。この逸話《いつわ》は「氏康《うじやす》の向疵《むこうきず》」とよばれる。

二頭波《にとうなみ》

斎《さい》藤《とう》道《どう》三《さん》

生没年《せいぼつねん》　一四九四年ごろ～一五五六年

出身地《しゅっしんち》　山城《やましろ》（京都府《きょうとふ》）

居《きょ》城《じょう》　稲葉山城《いなばやまじょう》（岐阜県《ぎふけん》）

甲冑《かっちゅう》　紅糸中白威胴丸《べにいとなかしろおどしどうまる》

武器《ぶき》　不明

下克上《げこくじょう》して一国の主《あるじ》に 信長《のぶなが》の義父《ぎふ》「美濃《みの》の蝮《まむし》」

商人から大名にまで出世したといわれる美濃《みの》の大名で、下克上《げこくじょう》の風潮《ふうちょう》を代表する人物。娘《むすめ》の濃姫《のうひめ》を織田信長《おだのぶなが》と結婚《けっこん》させた。道三《どうさん》という名は一五五四年に出家したときの法名《ほうみょう》で、以前は利政《としまさ》という。

斎藤道三《さいとうどうさん》は、一介《いっかい》の油売りから一代で大名になったとして有名だが、近年では、道三《どうさん》の父の新左衛《しんざえ》門尉《もんのじょう》と二代で下克上《げこくじょう》をなしとげたとする説が有力である。京《きょう》からでてきた新左衛門尉《しんざえもんのじょう》が、美濃《みの》の武将《ぶしょう》の長井長弘《ながいながひろ》につかえて頭角《とうかく》をあらわし、守護大名《しゅごだいみょう》の土岐《とき》氏からも信《しん》頼《らい》をうけて力をつける。その後、息子《むすこ》の道三《どうさん》が、主君《しゅくん》の長井長弘《ながいながひろ》に罪《つみ》をかぶせて殺害《さつがい》し、画策《かくさく》して守《しゅ》護代《ごだい》（守護大名《しゅごだいみょう》の補佐《ほさ》）の斎藤家《さいとうけ》を相続、のちに土岐《とき》氏を追放した。こうして美濃《みの》を手にいれた道三《どうさん》は、「美濃《みの》の蝮《まむし》」とよばれ、おそれられたという。

隣国《りんごく》との紛争《ふんそう》をおさえるため、道三《どうさん》は、娘《むすめ》の濃姫《のうひめ》を信長《のぶなが》と結婚《けっこん》させて、織田《おだ》氏と同盟《どうめい》をむすんだ。うつけ者《もの》とよばれる若《わか》い信長《のぶなが》と会見した道三《どうさん》は、その才覚を見ぬき、「わが息子は、いつか信長《のぶなが》につかえるだろう」とはなしたという。

晩年《ばんねん》、息子の義龍《よしたつ》に斎藤家《さいとうけ》をつがせるも、親子仲が悪化し、長良《ながら》川《がわ》の戦《たたか》いで衝突《しょうとつ》。道三《どうさん》は、信長《のぶなが》に「美濃《みの》をゆずる」と遺言《ゆいごん》をおくったあと、義龍《よしたつ》に負けて戦死した。

道三《どうさん》がもりたてた斎藤家《さいとうけ》 孫の龍興《たつおき》がほろぼす

家紋の二頭波《にとうなみ》は、斎藤道三《さいとうどうさん》がみずから考案したものといわれる。紅糸中白威胴丸《べにいとなかしろおどしどうまる》（南宮大社《なんぐうたいしゃ》蔵《ぞう》）は、道三《どうさん》が着用していた古風な甲冑《かっちゅう》で、のちに竹中半兵衛《たけなかはんべえ》によって南宮大社《なんぐうたいしゃ》に奉納《ほうのう》された。

道三《どうさん》をしりぞけて当主の座《ざ》についた息子の義《よし》龍《たつ》は、美濃《みの》の守備《しゅび》をかためて何度も織田軍《おだぐん》に勝利するも、病気で急死した。その息子の龍興《たつおき》は、家督《かとく》をついでからも酒と遊びにかまけて政治《せいじ》をおこたり、有能《ゆうのう》な家臣《かしん》の竹中半兵衛《たけなかはんべえ》から見かぎられる。その後、織田信長《おだのぶなが》の侵攻《しんこう》をうけて美濃《みの》をうばわれ、龍興《たつおき》の代で斎藤氏《さいとうし》は滅亡《めつぼう》した。

丸《まる》に二引両《にひきりょう》

今川義元《いまがわよしもと》

生没年《せいぼつねん》 一五一九年～一五六〇年

出身地《しゅっしんち》 駿河《するが》（静岡県《しずおかけん》）

居城《きょじょう》 今川館《いまがわやかた》（静岡県《しずおかけん》）

甲冑《かっちゅう》 不明

武器《ぶき》 宗三左文字《そうざさもんじ》

将軍家《しょうぐんけ》の血筋《ちすじ》をひく名門
東海《とうかい》を制《せい》すも桶狭間《おけはざま》にちる

足利将軍家《あしかがしょうぐんけ》の分家である名門の今川家《いまがわけ》をもりたてて東海地方《とうかいちほう》を支配《しはい》し、「海道一《かいどういち》の弓《ゆみ》とり」とよばれた駿河《するが》の大名。桶狭間《おけはざま》の戦《たたか》いで織田信長《おだのぶなが》にやぶれた。

今川義元《いまがわよしもと》は、征夷大将軍《せいいたいしょうぐん》の就任《しゅうにん》権《けん》をもつ名門今川家《いまがわけ》の出身だが、五男にうまれたため、幼少期《ようしょうき》に寺にだされ、僧侶《そうりょ》の太原雪斎《たいげんせっさい》のもとで学問をつんでいた。しかし、父が病死し、家督《かとく》をついだ兄も急逝《きゅうせい》すると、跡目《あとめ》あらそいが勃発《ぼっぱつ》。義《よし》元《もと》は、雪斎《せっさい》の協力のもと、このあらそいに勝利して、今川家《いまがわけ》九代目当主の座《ざ》についた。

義元《よしもと》は、めざましい政治力《せいじりょく》を発《はっ》揮《き》する。外政面《がいせいめん》では、抗争状態《こうそうじょうたい》にあった武田氏《たけだし》や北条氏《ほうじょうし》と和睦《わぼく》し、同盟《どうめい》を締結《ていけつ》。また、三河《みかわ》の松平氏《まつだいらし》を従属《じゅうぞく》させるなどして領地《りょうち》を拡大《かくだい》した。内政面《ないせいめん》では、徹底《てってい》した検地《けんち》の実施《じっし》、兵力の増強《ぞうきょう》、商工業の振《しん》興《こう》などをおこない、公家《くげ》文化も積極的にとりいれて、富国強兵《ふこくきょうへい》と文化の発展《はってん》を推進《すいしん》させた。今川氏《いまがわし》を戦国の列強におとらぬ大名にまでおしあげた義元《よしもと》は、東海道《とうかいどう》で一番の武将《ぶしょう》という意味の「海道一《かいどういち》の弓《ゆみ》とり」とよばれた。

一五六〇年、領土拡大《りょうどかくだい》をねらう義元《よしもと》は、二万五千の大軍勢《だいぐんぜい》をひきいて尾張《おわり》に侵攻《しんこう》する。しかし、信《のぶ》長《なが》ひきいる少数の精鋭《せいえい》に奇襲《きしゅう》をかけられ、桶狭間《おけはざま》の戦《たたか》いで戦死した。

三人の覇者《はしゃ》にうけつがれた義元《よしもと》の刀「宗三左文字《そうざさもんじ》」

今川義元《いまがわよしもと》の愛刀、宗三左文字《そうざさもんじ》（建勲神社蔵《たけいさおじんじゃぞう》）は、義元左文字《よしもとさもんじ》ともよばれる。もとは、畿内《きない》を支配《しはい》していた三好氏《みよしし》が所有していたもので、武《たけ》田信虎《だのぶとら》の手をへて義元《よしもと》へとわたり、のちに、織《お》田信長《だのぶなが》、豊臣秀吉《とよとみひでよし》、徳川家康《とくがわいえやす》と、天下人《てんかびと》にうけつがれていった名刀である。

江戸時代《えどじだい》初期にしるされた『信長公記《しんちょうこうき》』には、桶狭間《おけはざま》の戦《たたか》いでの義元《よしもと》のようすがつたえられている。「胸白《むなじろ》の鎧《よろい》に、金にて八龍《はちりゅう》をうちたる五《ご》枚兜《まいかぶと》をかぶり、赤地の錦《にしき》の陣羽織《じんばおり》を着し」とあり、荘厳《そうごん》ないでたちがうかがえる。

三《み》つ盛《も》り亀甲《きっこう》に花角《はなかく》

浅《あ》井《ざい》長《なが》政《まさ》

生没年《せいぼつねん》 一五四五年～一五七三年

出身地《しゅっしんち》 近江《おうみ》（滋賀県《しがけん》）

居城《きょじょう》 小谷城《おだにじょう》（滋賀県《しがけん》）

甲冑《かっちゅう》 不明

武器《ぶき》 浅井一文字《あざいいちもんじ》

義兄《ぎけい》信長《のぶなが》との同盟《どうめい》をすて朝倉氏《あさくらし》と共闘《きょうとう》した大名

父の代で失墜《しっつい》した浅井氏《あざいし》を国主《こくしゅ》の座《ざ》に復活《ふっかつ》させた、近江《おうみ》の大名。織田信長《おだのぶなが》の妹、お市《いち》の方《かた》と結婚《けっこん》して織田氏《おだし》と同盟《どうめい》をむすぶが、のちに決裂《けつれつ》した。

浅井長政《あざいながまさ》の祖父《そふ》の亮政《すけまさ》は、北《きた》近江《おうみ》を支配《しはい》する京極氏《きょうごくし》とたたかい、下克上《げこくじょう》で大名になった。しかし、息子の久政《ひさまさ》が家督《かとく》をつぐと、南《みなみ》近江《おうみ》の大名である六角氏《ろっかくし》との合戦にやぶれて、従属《じゅうぞく》してしまう。久《ひさ》政《まさ》から浅井家《あざいけ》の当主をゆずられた長政《ながまさ》は、六角氏《ろっかくし》を攻《せ》めて北近江《きたおうみ》を奪還《だっかん》し、ふたたび独立《どくりつ》をはたした。

南近江《みなみおうみ》の六角氏《ろっかくし》との抗争《こうそう》がつづくなか、長政《ながまさ》は、信長《のぶなが》の妹であるお市《いち》の方《かた》と政略結婚《せいりゃくけっこん》して織田氏《おだし》と同盟《どうめい》をむすび、隣国《りんごく》への牽制《けんせい》をはかる。同盟締結《どうめいていけつ》の際《さい》、長政《ながまさ》は、信《のぶ》長に朝倉氏《あさくらし》との不戦を約束させた。これは、朝倉《あさくら》と浅井《あざい》が旧来《きゅうらい》からの盟友《めいゆう》であり、一方で、朝倉《あさくら》と織田《おだ》が対立していたためである。

しかし、信長《のぶなが》はその約束をやぶり、徳川家康《とくがわいえやす》と連合して、朝倉氏《あさくらし》に攻撃《こうげき》をしかけた。朝倉氏《あさくらし》との関係を重視《じゅうし》した長政《ながまさ》は、織田《おだ》・徳川《とくがわ》連合軍を急襲《きゅうしゅう》し、勝利する。だが、その後に激突《げきとつ》した姉川《あねがわ》の戦《たたか》いで惨《ざん》敗《ぱい》。以後も織田軍《おだぐん》の猛攻《もうこう》はとまらず、本拠《ほんきょ》の小谷城《おだにじょう》までおいつめられる。長政《ながまさ》は、信長《のぶなが》に降伏《こうふく》をすすめられたが、小谷城《おだにじょう》が落城《らくじょう》すると、妻《つま》と子をにがして自害した。

つねに時流の中心にあった長政《ながまさ》の刀「浅井一文字《あざいいちもんじ》」

浅井長政《あざいながまさ》は、織田信長《おだのぶなが》の妹であるお市《いち》の方《かた》を正室《せいしつ》にむかえた。そのとき、信長《のぶなが》からのおくりものとしてうけとった刀が、浅井一文字《あざいいちもんじ》である。浅井一文字《あざいいちもんじ》は、長政《ながまさ》の死後、娘《むすめ》の淀殿《よどどの》の手に形《かた》見《み》としてわたった。淀殿《よどどの》は、豊臣秀吉《とよとみひでよし》の側室《そくしつ》となり、息子の秀頼《ひでより》をうむ。淀殿《よどどの》と秀頼《ひでより》は、大坂《おおさか》の役《えき》で徳川家康《とくがわいえやす》に敗北して、自害した。浅井一文字《あざいいちもんじ》は、徳川家《とくがわけ》にわたり、その後も何度か所有者をかえて、近代までつたえられてきたが、一九二三年の関東大震災《かんとうだいしんさい》で、焼失してしまったという。

三《み》つ盛《も》り木瓜《もっこう》

朝《あさ》倉《くら》義《よし》景《かげ》

生没年《せいぼつねん》 一五三三年～一五七三年

出身地《しゅっしんち》 越前《えちぜん》（福井県《ふくいけん》）

居城《きょじょう》 一乗谷城《いちじょうだにじょう》（福井県《ふくいけん》）

甲冑《かっちゅう》 銀箔押二枚折紙頭立兜《ぎんぱくおしにまいおりがみかしらたてかぶと》

武器《ぶき》 籠手切正宗《こてぎりまさむね》

信長《のぶなが》の威勢《いせい》にたちむかった名門朝倉家《あさくらけ》の十一代当主

浅井氏《あざいし》との連合軍で織田信長《おだのぶなが》と対峙《たいじ》するも、姉川《あねがわ》の戦《たたか》いで敗北した、越前《えちぜん》の大名。

朝倉義景《あさくらよしかげ》は、ふるくから越前《えちぜん》を支配《しはい》してきた朝倉家《あさくらけ》の十一代当主である。越前《えちぜん》は、戦争や政変《せいへん》が少なく、平和がつづいて大いに繁栄《はんえい》してきた。その支配者《しはいしゃ》である朝倉《あさくら》氏《し》は、公家《くげ》や将軍家《しょうぐんけ》との親交がふかく、隣国近江《りんごくおうみ》の浅井氏《あざいし》とも同盟《どうめい》をむすんでいたため、この先も安泰《あんたい》かとおもわれた。

一五六五年、将軍《しょうぐん》の足利義輝《あしかがよしてる》が暗殺され、その弟の義昭《よしあき》が、朝倉《あさくら》氏《し》をたよって越前《えちぜん》にきた。義昭《よしあき》は、上洛《じょうらく》して将軍《しょうぐん》になるために朝倉氏《あさくらし》の協力をもとめたが、義景《よしかげ》は決断《けつだん》にまよう。結局、義昭《よしあき》は信長《のぶなが》をたより、京《きょう》にはいって将軍《しょうぐん》になった。

義景《よしかげ》は、将軍《しょうぐん》をうしろだてにした信長《のぶなが》から、織田家《おだけ》への従属《じゅうぞく》をもとめられる。これを拒否《きょひ》すると、信長《のぶなが》が越前《えちぜん》に侵攻《しんこう》を開始。義景《よしかげ》は、盟友《めいゆう》の浅井長政《あざいながまさ》との連合軍でむかえうったが、姉川《あねがわ》の戦《たたか》いで大敗する。その後も織田軍《おだぐん》のいきおいはとまらず、浅井長政《あざいながまさ》が劣勢《れっせい》においこまれた。そのとき、義景《よしかげ》は長政《ながまさ》をたすけようと出陣《しゅつじん》したが、かえりうちにされている。

義景《よしかげ》は、居城《きょじょう》の一乗谷城《いちじょうだにじょう》にもどるも、織田軍《おだぐん》の猛攻《もうこう》にあい、城《しろ》を脱出《だっしゅつ》。逃走中《とうそうちゅう》に家臣《かしん》にうらぎられ、自害して世をさった。

耳のようなかざりをもつ兜《かぶと》 朝倉家《あさくらけ》に代々《だいだい》つたわった刀

銀箔押二枚折紙頭立兜《ぎんぱくおしにまいおりがみかしらたてかぶと》（川越歴史博物館蔵《かわごえれきしはくぶつかんぞう》）は、左右にふたつの菱形《ひしがた》をあしらった、変《か》わり兜《かぶと》である。耳のようにも見える前立《まえだて》は、和紙に銀箔《ぎんぱく》をはってつくられている。

籠手切正宗《こてぎりまさむね》（東京国立博物館蔵《とうきょうこくりつはくぶつかんぞう》）は、朝倉家《あさくらけ》の三代目当主の氏景《うじかげ》が、敵《てき》を籠手《こて》ごと斬《き》ったことから、この名がついたとされる。代々朝倉家《だいだいあさくらけ》にうけつがれてきたが、義景《よしかげ》の死後、織田信長《おだのぶなが》のものとなった。その後、信長《のぶなが》の家臣《かしん》や、加賀《かが》の前田家《まえだけ》、明治天皇《めいじてんのう》などにわたって、現在《げんざい》では国の所有物となっている。

一文字《いちもんじ》に三《み》つ星《ぼし》

毛《もう》利《り》元《もと》就《なり》

生没年《せいぼつねん》 一四九七年～一五七一年

出身地《しゅっしんち》 安芸《あき》（広島県《ひろしまけん》）

居城《きょじょう》 吉田郡山城《よしだこおりやまじょう》（広島県《ひろしまけん》）

甲冑《かっちゅう》 色々威腹巻《いろいろおどしはらまき》

武器《ぶき》 古備前友成《こびぜんともなり》

「三矢《さんし》の訓《くん》」で有名 智略《ちりゃく》ひかる中国地方《ちゅうごくちほう》の覇者《はしゃ》

一代で中国地方《ちゅうごくちほう》のほぼ全域《ぜんいき》を制《せい》覇《は》した、安芸《あき》の大名。三人の息子に結束をうながした「三矢《さんし》の訓《くん》」の教訓が有名。

毛利元就《もうりもとなり》は、安芸《あき》に小さな領地《りょうち》をもつ毛利弘元《もうりひろもと》の息子で、一五二三年に当主となった。隣国《りんごく》には有力大名がひしめいていたため、はじめは出雲《いずも》の尼子氏《あまごし》につき、つぎに周防《すおう》の大内氏《おおうちし》にしたがう。すると、尼子氏《あまごし》が大軍勢《だいぐんぜい》で侵攻《しんこう》してきたので、大内氏《おおうちし》と共闘《きょうとう》して撃退《げきたい》し、さらに周辺の有力な土豪《どごう》も攻《せ》めほろぼして、安芸《あき》を支配下《しはいか》においた。

元就《もとなり》は、長男隆元《たかもと》に家督《かとく》をゆずり、次男元春《もとはる》を土豪《どごう》の吉川家《きっかわけ》へ、三男隆景《たかかげ》も土豪《どごう》の小早川家《こばやかわけ》へと養子にだして、毛利家《もうりけ》の地盤《じばん》をかためた。「一本の矢は簡単《かんたん》におれても、三本たばねるとおれないように、兄弟三人で結束せよ」という「三矢《さんし》の訓《くん》」は、元就《もとなり》が息子たちにあてた書状《しょじょう》にしるされている。

一五五一年、周防《すおう》の大内義隆《おおうちよしたか》が、家臣《かしん》の陶晴賢《すえはるかた》の謀叛《むほん》で自害した。元就《もとなり》は、はじめは晴賢《はるかた》に協力するが、のちに敵対《てきたい》。海賊《かいぞく》の村上武吉《むらかみたけよし》を味方につけて毛利水軍《もうりすいぐん》を編成《へんせい》し、晴賢軍《はるかたぐん》を厳島《いつくしま》の戦《たたか》いで撃破《げきは》。そのいきおいで周防《すおう》を奪取《だっしゅ》した。

その後、尼子氏《あまごし》にもたたかいをいどんで勝利し、出雲《いずも》を制圧《せいあつ》。ついに中国地方《ちゅうごくちほう》を制覇《せいは》した元就《もとなり》は、一五七一年、病没《びょうぼつ》した。

威風堂々の古式甲冑《いふうどうどうのこしきかっちゅう》

名工《めいこう》、友成《ともなり》がきたえた刀

色々威腹巻《いろいろおどしはらまき》（毛利博物館蔵《もうりはくぶつかんぞう》）は、赤、白、紫《むらさき》の糸があざやかな甲冑《かっちゅう》で、室町時代《むろまちじだい》のものに多く見られる古式の形状《けいじょう》をしている。兜《かぶと》の前立《まえだて》も、三鍬形《みつくわがた》とよばれる古式のデザインである。

古備前友成《こびぜんともなり》（東京国立博物館蔵《とうきょうこくりつはくぶつかんぞう》）は、平安時《へいあんじ》代《だい》中期に活躍《かつやく》した刀工《とうこう》、友成《ともなり》がつくった名刀で、現在《げんざい》では国宝《こくほう》に指定されている。友成《ともなり》は、日本最古のすぐれた三名の刀工《とうこう》、「三匠《さんしょう》」のひとり。

家紋《かもん》は、「一」と「品」の字を図案化したもので、毛利氏《もうりし》の祖《そ》とされる阿保親王《あぼしんのう》の位階《いかい》である一品《いっぽん》に由来している。

※「土豪《どごう》」とは、その土地に勢力《せいりょく》をもつ一族（豪族《ごうぞく》）のことです。

丸《まる》に上文字《うえもじ》

村上武吉《むらかみたけよし》

生没年《せいぼつねん》　一五三三年ごろ～一六〇四年

出身地《しゅっしんち》　伊予《いよ》（愛媛県《えひめけん》）

居《きょ》城《じょう》　能島城《のしまじょう》（愛媛県《えひめけん》）

甲冑《かっちゅう》　不明

武器《ぶき》　不明

村上《むらかみ》水軍《すいぐん》をひきいて瀬戸内海《せとないかい》を支配《しはい》した海賊頭《かいぞくがしら》

瀬戸内海《せとないかい》の能島《のしま》に拠点《きょてん》をおく海《かい》賊《ぞく》の村上水軍《むらかみすいぐん》をひきいた、村上家《むらかみけ》の当主。毛利氏《もうりし》に味方して戦果をあげ、その名を全国に知らしめた。

村上氏《むらかみし》は、ふるくから瀬戸内海《せとないかい》を支配してきた海賊衆《かいぞくしゅう》で、船を襲《しゅう》撃《げき》して積荷をうばい、抵抗《ていこう》する者は殺害するという、野蛮《やばん》な行為《こうい》をくりかえしてきた。しかし、村上《むらかみ》武吉《たけよし》が当主になると、略奪《りゃくだつ》をやめて、帆別銭《ほべつせん》で収入《しゅうにゅう》をえた。帆別銭《ほべつせん》とは、契約《けいやく》をかわした船からうけとる通行料のことで、村上水軍《むらかみすいぐん》が航行の安全を約束するかわりに、積荷の一割《わり》をもらいうけた。この制度《せいど》によって、収入《しゅうにゅう》が大幅《おおはば》にふえ、水軍の人員も増強《ぞうきょう》された。

村上水軍《むらかみすいぐん》を庇護《ひご》した周防《すおう》の大名、大内義隆《おおうちよしたか》が、家臣《かしん》の陶晴賢《すえはるかた》の謀叛《むほん》で死亡《しぼう》する。武吉《たけよし》は、晴賢《はるかた》と敵対《てきたい》する毛利氏《もうりし》に味方して、毛利水軍《もうりすいぐん》と合流し、厳島《いつくしま》の戦《たたか》いでの勝利に貢献《こうけん》した。その後、武吉《たけよし》がくわわる毛利水軍《もうりすいぐん》は、織田信長《おだのぶなが》の水軍と、木津川《きづがわ》の河口《かこう》で二回にわたり合戦。一回目は勝利をおさめたが、二回目は、織田水軍《おだすいぐん》が新造《しんぞう》した鉄甲船《てっこうせん》を前に惨敗《ざんぱい》している。

羽柴《はしば》（のちの豊臣《とよとみ》）秀吉《ひでよし》が天下をとると、海賊停止令《かいぞくていしれい》がだされ、村上水軍《むらかみすいぐん》は力をうしなう。その後、武吉《たけよし》は、朝鮮出兵《ちょうせんしゅっぺい》や関ヶ原《せきがはら》の戦《たたか》いなど各地の合戦にかりだされたのちに、病気でこの世をさった。

毛利《もうり》と織田《おだ》の水軍が激突《げきとつ》 海戦の常識《じょうしき》をかえた「鉄甲船《てっこうせん》」

大坂湾《おおさかわん》で、村上水軍《むらかみすいぐん》がくわわる毛利軍《もうりぐん》と、九《く》鬼嘉隆《きよしたか》の九鬼水軍《くきすいぐん》がくわわる織田軍《おだぐん》が、二度にわたり激突《げきとつ》した「木津川口《きづがわぐち》の戦《たたか》い」。一度目の海戦では、毛利軍《もうりぐん》が、火矢や手なげ爆弾《ばくだん》などで織田軍《おだぐん》の船をもやして圧勝《あっしょう》した。

敗戦を知った織田信長《おだのぶなが》は、滝川一益《たきがわかずます》と九鬼嘉《くきよし》隆《たか》に「もえない船をつくれ」と命じる。完成したのは、装甲《そうこう》に鉄板をはりつけ、大筒《おおづつ》や大鉄砲《おおでっぽう》を装備《そうび》した六隻《せき》の鉄甲船《てっこうせん》だった。

二度目の戦いでは、鉄甲船《てっこうせん》が猛威《もうい》をふるい、毛利軍《もうりぐん》は退却《たいきゃく》せざるをえなかったという。

大内菱《おおうちびし》

大内義隆《おおうちよしたか》

生没年《せいぼつねん》　一五〇七年～一五五一年

出身地《しゅっしんち》　周防《すおう》（山口県《やまぐちけん》）

居城《きょじょう》　大内氏館《おおうちしやかた》（山口県《やまぐちけん》）

甲冑《かっちゅう》　藍韋肩赤威甲冑《あいかわかたあかおどしかっちゅう》

武器《ぶき》　不明

名門大内《おおうち》家《け》の三十一代当主 公家《くげ》文化を愛した大名

周防《すおう》を拠点《きょてん》に、中国地方《ちゅうごくちほう》西部をおさめた大名。重臣《じゅうしん》の陶晴賢《すえはるかた》に謀叛《むほん》をおこされた。

大内義隆《おおうちよしたか》は、中国地方《ちゅうごくちほう》西部の広《こう》範囲《はんい》を代々《だいだい》おさめてきた名門大内《おおうち》家《け》の、三十一代目の当主である。学問や文芸、公家《くげ》文化への関心が強く、周防《すおう》に「西《にし》の京《きょう》」とよばれる文化都市をきずいて公家《くげ》との交流をふかめ、寺社《じしゃ》も手あつく保護《ほご》した。水墨画《すいぼくが》の「画聖《がせい》」とよばれた雪舟《せっしゅう》は、大内氏《おおうちし》の庇護《ひご》によって大成したとされる。また、明《みん》（中国《ちゅうごく》）や朝鮮《ちょうせん》との交易《こうえき》をさかんにおこない、キリスト教宣教師《せんきょうし》のフランシスコ・ザビエルには、領内《りょうない》での布教《ふきょう》活動をゆるしている。

義隆《よしたか》は、海外との貿易拠点《ぼうえききょてん》をきずくため、九州《きゅうしゅう》に出兵して少弐《しょうに》氏《し》をほろぼし、筑前《ちくぜん》を支配《しはい》下《か》においた。さらに、長年の宿敵《しゅくてき》である尼《あま》子氏《ごし》をほろぼそうと出雲《いずも》にも進撃《しんげき》したが、反撃《はんげき》をうけて大敗する。その撤退《てったい》のさなか、息子の晴持《はるもち》が、船の転覆《てんぷく》で溺死《できし》してしまった。

この敗北をきっかけに、義隆《よしたか》は、他国との戦争をきらうようになり、政治《せいじ》もおろそかにして、公家《くげ》文化にひたった生活をはじめた。重臣《じゅうしん》の陶晴賢《すえはるかた》は、そんな当主を見かぎり、ほかの家臣《かしん》たちと結託《けったく》して反《はん》乱《らん》をおこす。晴賢《はるかた》においつめられた義隆《よしたか》は、一度は寺へとのがれたが、抗戦《こうせん》を断念《だんねん》して自害した。

牛車《ぎっしゃ》にのって優雅《ゆうが》に移動《いどう》 復古調《ふっこちょう》をおもんじた義隆《よしたか》

藍韋肩赤威甲冑《あいかわかたあかおどしかっちゅう》（厳島神社蔵《いつくしまじんじゃぞう》）は、室町時代《むろまちじだい》初期に流行した古式のつくりで、荘厳《そうごん》なおもむきがある。この甲冑《かっちゅう》は、大内義隆《おおうちよしたか》が厳島神社《いつくしまじんじゃ》に奉納《ほうのう》したもので、着用したかは不明とされる。甲冑《かっちゅう》からも垣間見《かいまみ》られるように、義隆《よしたか》は、復《ふっ》古調《こちょう》の文化を愛した。和歌や連歌をたしなみ、儒学《じゅがく》や漢詩などの古来の学問にも精通《せいつう》。公家《くげ》の衣装《いしょう》で牛車《ぎっしゃ》にのるなど、様式についても本格的《ほんかくてき》だったようである。いきすぎた感もあるこれらへの傾倒《けいとう》は、血で血をあらう戦国乱世《せんごくらんせ》を是認《ぜにん》しがたい、義隆《よしたか》の心意気《こころいき》だったのかもしれない。

平四《ひらよ》つ目結《めゆい》

尼子晴久《あまごはるひさ》

生没年《せいぼつねん》 一五一四年～一五六〇年ごろ

出身地《しゅっしんち》 出雲《いずも》（島根県《しまねけん》）

居城《きょじょう》 月山富田城《がっさんとだじょう》（島根県《しまねけん》）

甲冑《かっちゅう》 不明

武器《ぶき》 兵庫鎖太刀
ひょうごくさりたち

宿敵《しゅくてき》にかこまれた出雲《いずも》で合戦にあけくれた武将《ぶしょう》

出雲《いずも》を拠点《きょてん》に、中国地方《ちゅうごくちほう》東部を支配《しはい》した大名。宿敵《しゅくてき》の毛利《もうり》氏《し》や大《おお》内氏《うちし》と、幾度《いくど》となく合戦した。

尼子氏《あまごし》は、南北朝時代《なんぼくちょうじだい》からつづく由緒《ゆいしょ》ある家柄《いえがら》で、代々《だいだい》、守護大《しゅごだい》名《みょう》の補佐役《ほさやく》である守護代《しゅごだい》をつとめてきた。尼子晴久《あまごはるひさ》の祖父《そふ》、経久《つねひさ》が、出雲《いずも》を平定《へいてい》するなどして、尼子《あまご》氏《し》を中国地方《ちゅうごくちほう》有数の大名へと成長させる。晴久《はるひさ》は、その基盤《きばん》をうけつぎ、一五三七年に当主となった。

晴久《はるひさ》には、ふたりの宿敵《しゅくてき》がいた。ひとりは、周防《すおう》の大名、大内義隆《おおうちよしたか》。もうひとりは、もともと尼子《あまご》氏《し》の配下だったが、大内氏《おおうちし》に寝返《ねがえ》った、安芸《あき》の毛利元就《もうりもとなり》である。晴久《はるひさ》は、この両者と終生あらそいつづける。

晴久《はるひさ》は、当主になった年に、大《おお》内氏《うちし》を攻《せ》めて石見銀山《いわみぎんざん》をうばったが、二年後、大内氏《おおうちし》にうばいかえされた。その翌年《よくとし》、毛利《もうり》氏《し》を攻《せ》めたが、なかなか攻略《こうりゃく》できず、大内《おおうち》氏《し》の援軍《えんぐん》もきて敗北。すると今度は、大内氏《おおうちし》が大軍をひきいて出雲《いずも》に攻《せ》めこんできたが、晴久《はるひさ》は、難《なん》攻不落《こうふらく》といわれた月山富田城《がっさんとだじょう》でむかえうって撃退《げきたい》する。その後、大《おお》内義隆《うちよしたか》が家臣《かしん》の反乱《はんらん》で死亡《しぼう》すると、これを好機にと、毛利《もうり》氏《し》が守る石《いわ》見銀山《みぎんざん》を攻《せ》めてうばいかえした。

晴久《はるひさ》は、病《やまい》にたおれて急死した。晴久《はるひさ》の跡目《あとめ》は次男の義久《よしひさ》がついだが、毛利《もうり》氏《し》にやぶれ、すべての領《りょう》地《ち》をうしなった。

神社に奉納《ほうのう》した宝刀《ほうとう》 実用性《じつようせい》よりも美しさを重視《じゅうし》

兵庫鎖太刀《ひょうごくさりたち》（須佐神社蔵《すさじんじゃぞう》）は、尼子晴久《あまごはるひさ》が須《す》佐神社《さじんじゃ》に奉納《ほうのう》したもの。刀を着物の帯にとりつける部品が、「兵庫鎖《ひょうごくさり》」という編《あ》みかたの鎖《くさり》でできている。細部の金属《きんぞく》部分には繊細《せんさい》な彫刻《ちょうこく》がほどこされ、刀をおさめる鞘《さや》には金の塗料《とりょう》がぬられている。

寺社《じしゃ》に奉納《ほうのう》するためにつくられた刀は、実際になにかを斬《き》るためではなく、神仏《しんぶつ》にささげる宝剣《ほうけん》としての意味をもち、実用性《じつようせい》よりも、美しさや高級感が重視《じゅうし》されることが多く、刀身が砥《と》がれていないものもある。

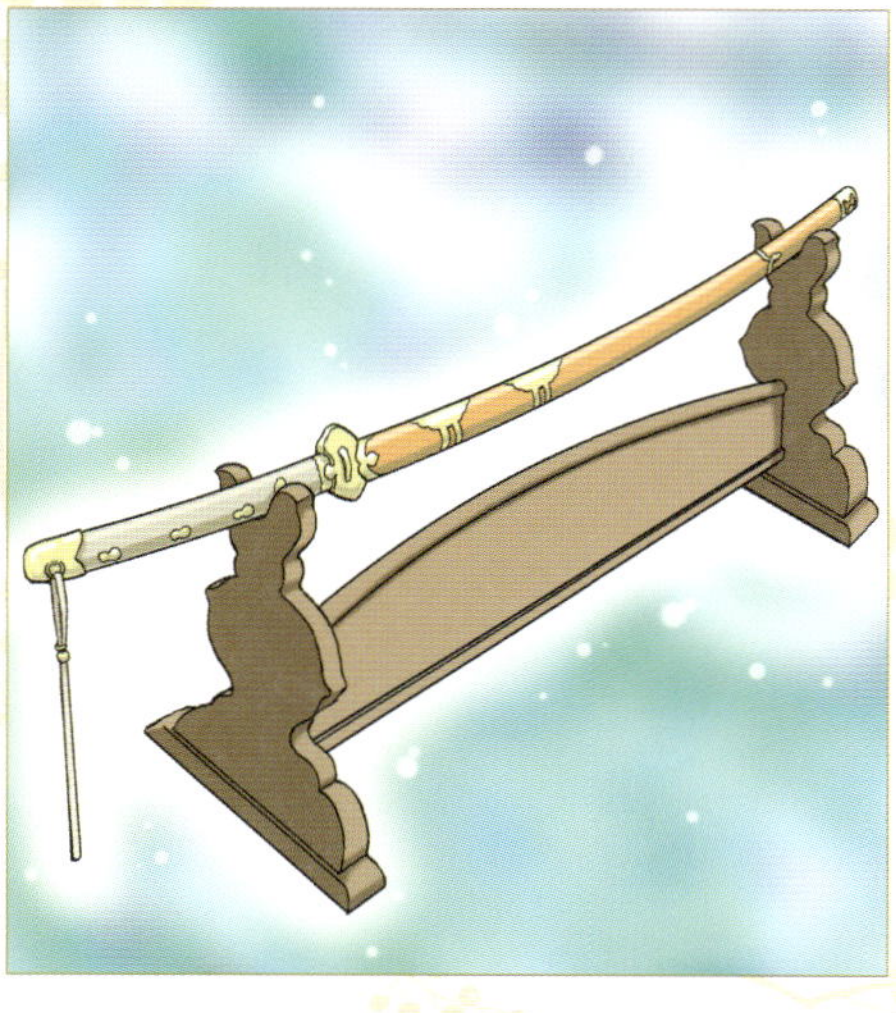

奇抜《きばつ》で斬新《ざんしん》な「兜《かぶと》」

兜《かぶと》には、動植物や神仏《しんぶつ》などをモチーフにした、奇抜《きばつ》で斬新《ざんしん》なものがあります。こうした兜《かぶと》は戦国時代以降《せんごくじだいいこう》に流行し、江戸時代《えどじだい》にはさらに装飾性《そうしょくせい》が強くなりました。

熊頭形兜《くまがしらなりかぶと》

江戸時代《えどじだい》
個人蔵《こじんぞう》

所用者不明。熊《くま》の頭をかたどった兜《かぶと》。全体に植毛がほどこされている。

銀箔押兎耳大角立物付兜《ぎんぱくおしとじおおつのたてものつきかぶと》

江戸時代初期《えどじだい》
高梁市歴史美術館蔵《たかはししれきしびじゅつかんぞう》

徳川秀忠《とくがわひでただ》の家臣《かしん》、板倉重宗《いたくらしげむね》が所用したとされる兜《かぶと》。兎《うさぎ》の耳をかたどっている。

板屋貝形兜《いたやがいなりかぶと》

江戸時代《えどじだい》
土佐山内記念財団蔵《とさやまうちきねんざいだんぞう》

土佐《とさ》（高知県《こうちけん》）の四代目藩主《はんしゅ》、山内豊昌《やまうちとよまさ》が所用したとつたわる兜《かぶと》。イタヤガイという貝をデザインしている。

白糸威笠子形兜《しろいとおどしかさごなりかぶと》

江戸時代《えどじだい》
土佐山内記念財団蔵《とさやまうちきねんざいだんぞう》

土佐《とさ》（高知県《こうちけん》）の藩主《はんしゅ》の山内家《やまうちけ》につたわる兜《かぶと》。西洋《せいよう》の帽子《ぼうし》のようなデザインで、正面に五言絶句《ごごんぜっく》の漢詩で武士《ぶし》の気《き》概《がい》がしるされている。

鉄錆地松竹梅兜《かなさびじしょうちくばいかぶと》

江戸時代《えどじだい》
個人蔵《こじんぞう》

所用者不明。縁起《えんぎ》のよい「松竹梅《しょうちくばい》」が各所にデザインされた兜《かぶと》。

総白髪形兜《そうはくはつなりかぶと》 頬当付《ほおあてつき》

江戸時代《えどじだい》
個人蔵《こじんぞう》

所用者不明。りっぱな髭《ひげ》をはやした白髪《はくはつ》の老人がモチーフ。獣《けもの》の白い毛がうえてある。

木魚形兜《もくぎょなりかぶと》 錫杖前立付《しゃくじょうまえだてつき》

江戸時代《えどじだい》
個人蔵《こじんぞう》

所用者不明。木魚《もくぎょ》をモチーフにしている。前立《まえだて》は、僧侶《そうりょ》がもつ杖《つえ》である「錫杖《しゃくじょう》」がほどこされている。

梵鐘形兜《ぼんしょうなりかぶと》 道成寺鬼女前立付《どうじょうじきじょまえだてつき》

江戸時代《えどじだい》
個人蔵《こじんぞう》

所用者不明。平安時代《へいあんじだい》の説話《せつわ》『安珍《あんちん》・清姫伝説《きよひめでんせつ》』に登場する、道成寺《どうじょうじ》の鐘《かね》と鬼女《きじょ》をかたどっている。

ファッショナブルな「陣羽織《じんばおり》」

鎧《よろい》の上から着用する陣羽織《じんばおり》は、はじめは雨具でしたが、家紋《かもん》をいれたり、南蛮調《なんばんちょう》の生地をつかうなどして、次第にファッション性《せい》が重視《じゅうし》されていきました。

陣羽織《じんばおり》　黒鳥毛揚羽蝶模様《くろとりげあげはちょうもよう》

東京国立博物館蔵《とうきょうこくりつはくぶつかんぞう》

織田信長《おだのぶなが》が所用したとされる陣羽織《じんばおり》。背《せ》にえがかれているのはアゲハチョウで、織田《おだ》の家紋《かもん》のひとつである「揚羽蝶《あげはちょう》（織田蝶《おだちょう》）」を意味する。

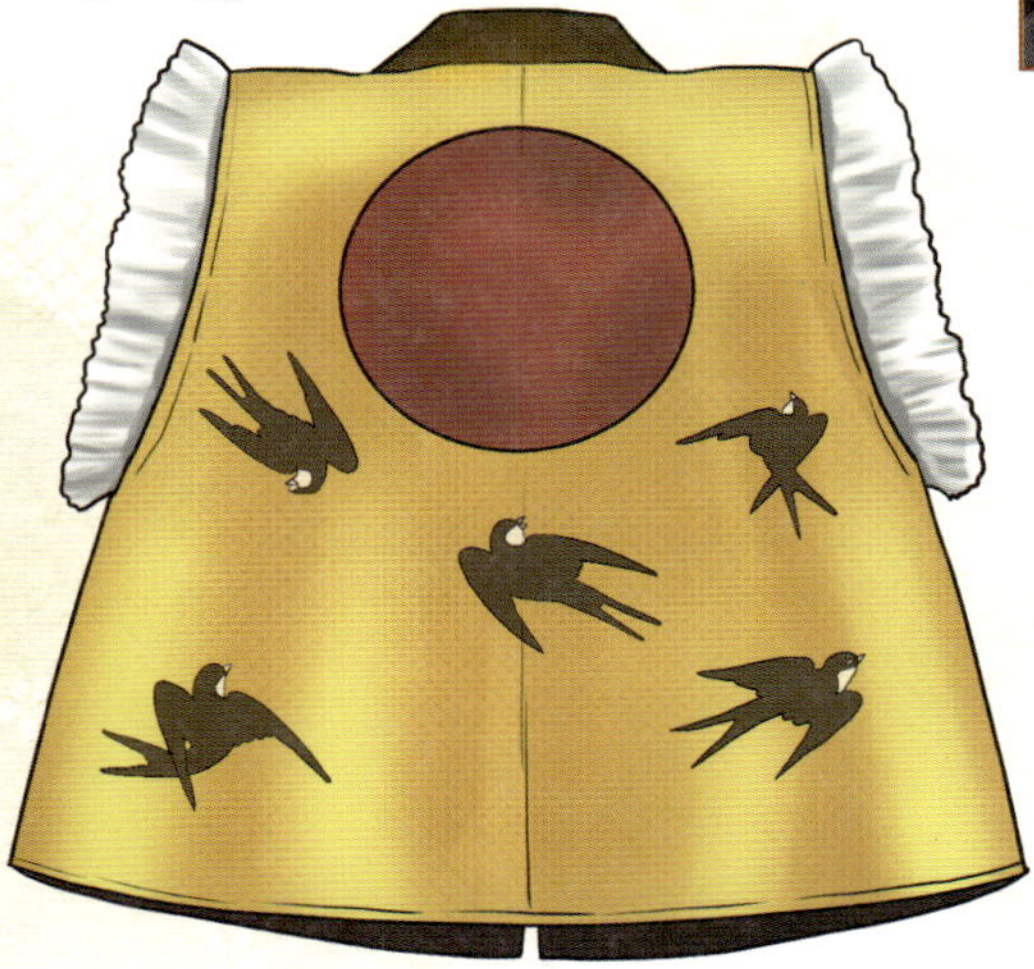

蜻蛉燕文様陣羽織《とんぼつばめもんようじんばおり》

大阪城天守閣蔵《おおさかじょうてんしゅかくぞう》

豊臣秀吉《とよとみひでよし》が所用したとつたわる陣《じん》羽織《ばおり》。前面にはトンボとツバメ、背面《はいめん》には日輪とツバメがえがかれている。

猩々緋羅紗地違い鎌模様陣羽織《しょうじょうひらしゃじちがいがまもようじんばおり》

東京国立博物館蔵《とうきょうこくりつはくぶつかんぞう》

小早川秀秋《こばやかわひであき》が、関ケ原《せきがはら》の戦《たたか》いで着用したとつたわる陣羽織《じんばおり》。小早川《こばやかわ》家《け》の旗印《はたじるし》である「違い鎌《ちがいがま》」が背《せ》にほどこされている。

桐紋陣羽織《きりもんじんばおり》

毛利博物館蔵《もうりはくぶつかんぞう》

毛利輝元《もうりてるもと》が所用した陣羽《じんば》織《おり》。豊臣秀吉《とよとみひでよし》からあたえられたもので、背《せ》に豊臣《とよとみ》の桐紋《きりもん》がはいっている。

第二章

～秀吉《ひでよし》の天下～

安土《あづち》・桃山《ももやま》時代《じだい》中期

天下統一《てんかとういつ》を達成した豊臣秀吉《とよとみひでよし》の時代

第二章では、織田信長《おだのぶなが》の死後、その後継者《こうけいしゃ》となった豊臣秀吉《とよとみひでよし》が天下をとったころの、一五八〇年～一六〇〇年前後に活躍《かつやく》した武将《ぶしょう》を紹介《しょうかい》します。秀吉《ひでよし》が全国の大名たちよりも上位に君臨《くんりん》したことで、世の中は戦乱《せんらん》からの脱却《だっきゃく》をはじめました。

安土《あづち》・桃山時代《ももやまじだい》

一五八二年　山崎《やまざき》の戦《たたか》い

勝利 羽柴《はしば》 対 明智《あけち》 敗北

本能寺《ほんのうじ》の変《へん》の十一日後、織田信長《おだのぶなが》を討《う》った明智光秀《あけちみつひで》を、羽柴秀吉《はしばひでよし》が攻撃《こうげき》。秀吉《ひでよし》は、池田恒興《いけだつねおき》、丹羽長秀《にわながひで》、織田信孝《おだのぶたか》ら織田《おだ》の重臣《じゅうしん》を味方につけ、光秀《みつひで》を討《う》ちとった。

一五八二年　清洲会議《きよすかいぎ》

織田信長《おだのぶなが》の後継者《こうけいしゃ》をきめるため、尾張《おわり》（愛知県《あいちけん》）の清洲城《きよすじょう》に織田家《おだけ》の重臣《じゅうしん》が集合して会議をした。羽柴秀吉《はしばひでよし》が最有力者となり、信長《のぶなが》の息子の織田信孝《おだのぶたか》を推薦《すいせん》した柴田勝家《しばたかついえ》と対立する。

一五八三年　賤ヶ岳《しずがたけ》の戦《たたか》い

勝利 羽柴《はしば》 対 柴田《しばた》 敗北

羽柴秀吉《はしばひでよし》と柴田勝家《しばたかついえ》による、織田信長《おだのぶなが》の後継者《こうけいしゃ》をあらそった決戦。秀吉《ひでよし》が勝利し、敗北した勝家《かついえ》は自害した。

一五八四年　小牧《こまき》・長久手《ながくて》の戦《たたか》い

引分 羽柴《はしば》 対 徳川《とくがわ》

おもな勢力《せいりょく》（一五九〇年ごろ）と合戦場

小田原征伐《おだわらせいばつ》がおこなわれた1590年ごろの勢力《せいりょく》と、上の年表にある合戦場などをしるした地図です。全国の大名を従属《じゅうぞく》させた豊臣秀吉《とよとみひでよし》は、北《ほう》条《じょう》氏をほろぼして、天下統一《てんかとういつ》を達成しました。

一五八五年

織田信長《おだのぶなが》の次男の織田信雄《おだのぶかつ》が、羽柴秀吉《はしばひでよし》と対立。信雄《のぶかつ》は、徳川家康《とくがわいえやす》を味方につけて、秀吉《ひでよし》とたたかった。合戦では家康《いえやす》が優勢《ゆうせい》となったが、その間に秀吉《ひでよし》は信雄《のぶかつ》との講和《こうわ》を成立させて、決着がつかないまま合戦が終結した。

一五八六年

羽柴秀吉《はしばひでよし》が関白《かんぱく》になる。

秀吉《ひでよし》が豊臣《とよとみ》の姓《せい》になる。

一五八七年

豊臣秀吉《とよとみひでよし》が九州平定《きゅうしゅうへいてい》をおこなう。

一五九〇年 小田原征伐《おだわらせいばつ》

勝利 **豊臣《とよとみ》** 対 **北条《ほうじょう》** 敗北

全国の大名をひきいた豊臣秀吉《とよとみひでよし》の大軍が、北条氏《ほうじょうし》の本拠《ほんきょ》である小田原《おだわら》城《じょう》を包囲。北条氏《ほうじょうし》は降伏《こうふく》し、のちに滅亡《めつぼう》した。

一五九二年～一五九三年 文禄《ぶんろく》の役《えき》

豊臣秀吉《とよとみひでよし》が明《みん》（中国《ちゅうごく》）へと侵攻《しんこう》するため、朝鮮《ちょうせん》に出兵《しゅっぺい》。

一五九七年～一五九八年 慶長《けいちょう》の役《えき》

二度目の朝鮮出兵《ちょうせんしゅっぺい》。文禄《ぶんろく》の役《えき》とあわせて「文禄《ぶんろく》・慶長《けいちょう》の役《えき》」とよばれる。秀吉《ひでよし》が病死したのち、豊臣軍《とよとみぐん》が撤退《てったい》して終息した。

一五九八年

豊臣秀吉《とよとみひでよし》が病死する。

◉個性《こせい》ゆたかな当世具足《とうせいぐそく》が流行

安土《あづち》・桃山時代《ももやまじだい》は、趣向《しゅこう》をこらした奇抜《きばつ》な甲冑《かっちゅう》が流行しました。南蛮貿易《なんばんぼうえき》でヨーロッパから輸入《ゆにゅう》された南蛮胴具足《なんばんどうぐそく》や、仁王《におう》の体をかたどった仁王胴具足《におうどうぐそく》、全身に熊《くま》の毛をうえつけた具足《ぐそく》など、じつに個性《こせい》ゆたかな当世具足《とうせいぐそく》が、実際《じっさい》に合戦で着用されていました。

南蛮胴具足《なんばんどうぐそく》

日光東照宮蔵《にっこうとうしょうぐうぞう》。安土《あづち》・桃山時代《ももやまじだい》にオランダから輸入《ゆにゅう》されたもので、徳川家康《とくがわいえやす》が関ヶ原《せきがはら》の戦《たたか》いで着用したとつたえられている。

五七桐《ごしちのきり》

豊臣秀吉《とよとみひでよし》

生没年《せいぼつねん》 一五三七年ごろ〜一五九八年

出身地《しゅっしんち》 尾張《おわり》（愛知県《あいちけん》）

居城《きょじょう》 大坂城《おおさかじょう》（大阪府《おおさかふ》）、伏見城《ふしみじょう》（京都府《きょうとふ》）

甲冑《かっちゅう》 色々威二枚胴具足《いろいろおどしにまいどうぐそく》

武器《ぶき》 一期一振《いちごひとふり》

天下人《てんかびと》にまでのぼりつめた戦国一の出世頭《しゅっせがしら》

織田信長《おだのぶなが》のもとで頭角《とうかく》をあらわし、のちに全国を統一《とういつ》した天下人《てんかびと》。木下藤吉郎《きのしたとうきちろう》、羽柴秀吉《はしばひでよし》、豊臣秀吉《とよとみひでよし》と、たびたび改名している。

秀吉《ひでよし》は、尾張《おわり》の下層《かそう》階級の家にうまれ、十代のころに織田家《おだけ》に仕《し》官《かん》し、信長《のぶなが》の雑用係《ざつようがかり》になった。草履《ぞうり》を懐《ふところ》であたためるなどの機転をきかせて信長《のぶなが》にとりたてられ、美濃《みの》攻めや姉川《あねがわ》の戦《たたか》いなど数々《かずかず》の合戦でめざましい活躍《かつやく》をかさねて、織田家《おだけ》の重臣《じゅうしん》にまで出世した。

本能寺《ほんのうじ》の変《へん》で信長《のぶなが》が死亡《しぼう》すると、秀吉《ひでよし》は、すぐさま明智光秀《あけちみつひで》をやぶり、清洲会議《きよすかいぎ》で信長《のぶなが》の後継者《こうけいしゃ》となることを宣言《せんげん》。対立した柴田勝家《しばたかついえ》に賤ヶ岳《しずがたけ》の戦《たたか》いで勝利し、小牧《こまき》・長久手《ながくて》の戦《たたか》いののちに徳川家康《とくがわいえやす》をしたがわせると、朝廷《ちょうてい》にちかづいて関白《かんぱく》の官位《かんい》を取得。間をおかずに四国平定《しこくへいてい》、九州平定《きゅうしゅうへいてい》を成功させて、北条氏《ほうじょうし》を小田原征伐《おだわらせいばつ》で攻《せ》めほろぼし、天下統一《てんかとういつ》をなしとげた。

秀吉《ひでよし》は、刀狩令《かたながりれい》や海賊停止令《かいぞくていしれい》、大名間の私闘《しとう》を禁《きん》じる惣無事令《そうぶじれい》など、数々《かずかず》の政策《せいさく》を実施《じっし》し、国内を統括《とうかつ》した。さらに、明《みん》（中国《ちゅうごく》）を征服《せいふく》すべく諸大名《しょだいみょう》を出兵させたが、朝鮮《ちょうせん》での文禄《ぶんろく》・慶長《けいちょう》の役《えき》で苦戦し、失敗におわる。

一五九八年、秀吉《ひでよし》は、五大老《ごたいろう》と五奉行《ごぶぎょう》を設置《せっち》して政権《せいけん》の安定化をはかり、豊臣《とよとみ》の世がつづくことを切望しつつ、病没《びょうぼつ》した。

奇抜《きばつ》な兜《かぶと》は法具《ほうぐ》を象徴《しょうちょう》
名刀はなかば強引に入手

色々威二枚胴具足《いろいろおどしにまいどうぐそく》（名古屋市秀吉清正記念館《なごやしひでよしきよまさきねんかん》蔵《ぞう》）は、豊臣秀吉《とよとみひでよし》が実際《じっさい》に着用したとつたわる。兜《かぶと》は、仏教《ぶっきょう》の僧侶《そうりょ》がかぶる帽子《もうす》をかたどっていて、ヤクの毛でつくられた後立《うしろだて》は、払子《ほっす》という法具《ほうぐ》をデザインしている。

一期一振《いちごひとふり》（皇室御物《こうしつぎょぶつ》）は、短刀づくりの名手の粟田口吉光《あわたぐちよしみつ》が唯一《ゆいいつ》つくった太刀《たち》として、その名がついた。毛利輝元《もうりてるもと》が所有していたが、秀吉《ひでよし》がたのみこんで入手したという。秀吉《ひでよし》の死後、大坂《おおさか》の役《えき》で焼けてしまったが、徳川家《とくがわけ》によってうちなおされ、のちに天皇《てんのう》に献上《けんじょう》された。

※大坂《おおさか》の役《えき》は、大坂《おおさか》の陣《じん》ともいい、「大坂冬《おおさかふゆ》の陣《じん》」と「大坂夏《おおさかなつ》の陣《じん》」の総称《そうしょう》です。

丸《まる》に卍《まんじ》

蜂《は》須《ち》賀《す》小《か》六《ころく》

生没年《せいぼつねん》　一五二六年～一五八六年

出身地《しゅっしんち》　尾張《おわり》(愛知県《あいちけん》)

居城《きょじょう》　龍野城《たつのじょう》(兵庫県《ひょうごけん》)

甲冑《かっちゅう》　鯰尾兜付亀甲紋包韋腹巻具足《なまずおかぶとつききっこうもんつつみかわはらまきぐそく》

武器《ぶき》　蜂須賀虎徹《はちすかこてつ》

墨俣《すのまた》一夜《いちや》城《じょう》の築城《ちくじょう》で有名 秀吉《ひでよし》を世にだした宿老《しゅくろう》

羽柴《はしば》（のちの豊臣《とよとみ》）秀吉《ひでよし》に協力して墨俣一夜城《すのまたいちやじょう》をきずいた武将《ぶしょう》。小六《ころく》の名は通称《つうしょう》で、本名は正勝《まさかつ》。

蜂須賀小六《はちすかころく》は、尾張《おわり》の土豪《どごう》である蜂須賀家《はちすかけ》の長男にうまれ、はじめは斎藤道三《さいとうどうさん》、つぎに織田信長《おだのぶなが》につかえ、やがて秀吉《ひでよし》にしたがった。「夜盗《やとう》の頭領《とうりょう》をしていた小六《ころく》が、若《わか》かりし秀吉《ひでよし》と橋の上で知りあった」という逸話《いつわ》が有名だが、これは『絵本太閤記《えほんたいこうき》』での創作《そうさく》である。

信長《のぶなが》の家臣《かしん》だった小六《ころく》は、桶狭《おけはざ》間《ま》の戦《たたか》いでは、今川《いまがわ》氏《し》の動向をさぐる諜報役《ちょうほうやく》をつとめた。その後、美濃《みの》の斎藤氏《さいとうし》を攻めたときには、秀吉《ひでよし》が発案した墨俣一夜城《すのまたいちやじょう》づくりに参加して、これを成功させる。その後は、秀吉《ひでよし》とともに、姉《あね》川《がわ》の戦《たたか》いや長島一向一揆《ながしまいっこういっき》の鎮圧《ちんあつ》などに従軍《じゅうぐん》。浅井《あざい》氏《し》が滅亡《めつぼう》して秀吉《ひでよし》が長浜城主《ながはまじょうしゅ》となると、小六《ころく》は秀吉《ひでよし》の重臣《じゅうしん》として配下についた。

小六《ころく》は、戦上手《いくさじょうず》なだけでなく、調略《ちょうりゃく》も得意とした。秀吉《ひでよし》のもとに軍師《ぐんし》としてくわわった黒田官兵衛《くろだかんべえ》と協力して、毛利《もうり》氏《し》との備中《びっちゅう》での和睦交渉《わぼくこうしょう》や、土佐《とさ》の長宗我部《ちょうそかべ》氏《し》への降伏勧告《こうふくかんこく》など、さまざまな交渉《こうしょう》で手腕《しゅわん》を発揮《はっき》。秀吉《ひでよし》も、小六《ころく》の判《はん》断《だん》に信頼《しんらい》をおいていたという。

秀吉《ひでよし》の天下がほぼさだまったころ、小六《ころく》は、阿波《あわ》をあたえられた。それを息子の家政《いえまさ》にゆずって自身は隠居《いんきょ》し、やがて病没《びょうぼつ》した。

鯰《なまず》の尾《お》の変《か》わり兜《かぶと》 息子は大坂《おおさか》の役《えき》で徳川方《とくがわがた》に

鯰尾兜付亀甲紋包韋腹巻具足《なまずおかぶとつききっこうもんつつみかわはらまきぐそく》（個人蔵《こじんぞう》）の兜《かぶと》は、鯰《なまず》の尾《お》をかたどっている。鯰尾兜《なまずおかぶと》は、東北《とうほく》地方《ちほう》の南部家《なんぶけ》につたわるもので、独特《どくとく》な形状《けいじょう》をしており、蒲生氏郷《がもううじさと》の兜《かぶと》も、鯰尾兜《なまずおかぶと》とされる。

蜂須賀虎徹《はちすかこてつ》（個人蔵《こじんぞう》）は、蜂須賀家《はちすかけ》に伝来した名刀だが、蜂須賀小六《はちすかころく》が所用したかは不明。

小六《ころく》の息子の家政《いえまさ》は、関ケ原《せきがはら》の戦《たたか》いには、病気を理由にして積極的に参加しなかった。のちの大坂《おおさか》の役《えき》では、徳川幕府《とくがわばくふ》に味方して武功《ぶこう》をあげたことで、阿波《あわ》の領地《りょうち》を幕府《ばくふ》からも承認《しょうにん》されている。

九枚笹《くまいざさ》

竹《たけ》中《なか》半《はん》兵《べ》衛《え》

生没年《せいぼつねん》 一五四四年～一五七九年

出身地《しゅっしんち》 美濃《みの》（岐阜県《ぎふけん》）

居城《きょじょう》 菩提山城《ぼだいさんじょう》（岐阜県《ぎふけん》）

甲冑《かっちゅう》 不明

武器《ぶき》 虎御前の太刀《とらごぜのたち》

秀吉《ひでよし》の躍進《やくしん》をささえた智謀《ちぼう》きわだつ天才的軍師《ぐんし》

羽柴《はしば》（のちの豊臣《とよとみ》）秀吉《ひでよし》につかえて、軍師《ぐんし》をまかされた武将《ぶしょう》。半《はん》兵衛《べえ》の名は通称《つうしょう》で、本名は重治《しげはる》。

竹中半兵衛《たけなかはんべえ》は、斎藤道三《さいとうどうさん》の孫、斎藤龍興《さいとうたつおき》につかえていた。しかし、龍興《たつおき》が遊びにかまけて政治《せいじ》をおこたり、病弱で華奢《きゃしゃ》な半兵衛《はんべえ》を「青びょうたん」とよんであなどるなどしたため、半兵衛《はんべえ》は激怒《げきど》し、少人数で本拠《ほんきょ》の稲葉山城《いなばやまじょう》を奪取《だっしゅ》してみせた。城《しろ》は龍興《たつおき》にかえしたが、半兵衛《はんべえ》は、斎藤氏《さいとうし》を見かぎり、近《おう》江《み》の浅井氏《あざいし》に身をよせて隠棲《いんせい》する。

織田信長《おだのぶなが》の美濃《みの》攻めで斎藤氏《さいとうし》がほろぶと、半兵衛《はんべえ》のもとに織田《おだ》家臣《しん》の秀吉《ひでよし》がやってきて、軍師《ぐんし》になってほしいと懇願《こんがん》した。秀吉《ひでよし》の才能《さいのう》を見ぬいた半兵衛《はんべえ》は、その要請《ようせい》を承諾《しょうだく》。羽柴軍《はしばぐん》の軍師《ぐんし》をつとめて陣《じん》形《けい》や戦略《せんりゃく》をねり、数々《かずかず》の合戦を勝利にみちびいて、秀吉《ひでよし》に手柄《てがら》をあげさせた。

秀吉《ひでよし》とともに中国地方攻略《ちゅうごくちほうこうりゃく》へと出陣《しゅつじん》した半兵衛《はんべえ》は、智将《ちしょう》の黒田官《くろだかん》兵衛《べえ》と知りあい、親交をむすぶ。

しかし、織田家臣《おだかしん》の荒木村重《あらきむらしげ》が反《はん》乱《らん》し、官兵衛《かんべえ》を幽閉《ゆうへい》。信長《のぶなが》は官兵《かんべ》衛《え》も寝返《ねがえ》ったと判断《はんだん》したが、半兵《はんべ》衛《え》は、なにか事情《じじょう》があるとしんじて官兵衛《かんべえ》の息子の長政《ながまさ》をかくまい、激怒《げきど》する信長《のぶなが》から命をたすけた。

官兵衛《かんべえ》は一年後に救出されたが、そのもどりをまたず、半兵衛《はんべえ》は、病気でこの世をさった。

病弱ながらも気骨《きこつ》は旺盛《おうせい》 陣中《じんちゅう》で武士《ぶし》らしく没《ぼっ》す

竹中半兵衛《たけなかはんべえ》の甲冑《かっちゅう》の詳細《しょうさい》は不明だが、肖像画《しょうぞうが》では、唐《から》（中国《ちゅうごく》）の貴族《きぞく》などがかぶる冠《かんむり》をかたどった兜《かぶと》を着用している。

虎御前《とらごぜ》の太刀《たち》（個人蔵《こじんぞう》）は、織田信長《おだのぶなが》が浅井《あざい》長政《ながまさ》の居城《きょじょう》を攻撃《こうげき》した小谷城《おだにじょう》攻めの際《さい》、半兵衛《はんべえ》が虎御前山《とらごぜやま》で武功《ぶこう》をあげて、羽柴秀吉《はしばひでよし》からあたえられたもの。

中国平定《ちゅうごくへいてい》のさなか、病《やまい》にたおれた半兵衛《はんべえ》は、帰京して養生するよう秀吉《ひでよし》からすすめられた。しかし、半兵衛《はんべえ》は、武士《ぶし》らしく陣中《じんちゅう》で死ぬことをのぞみ、そのすすめをことわったという。

藤巴《ふじどもえ》

黒《くろ》田《だ》官《かん》兵《べ》衛《え》

生没年《せいぼつねん》　一五四六年～一六〇四年

出身地《しゅっしんち》　播磨《はりま》（兵庫県《ひょうごけん》）

居城《きょじょう》　中津城《なかつじょう》（大分県《おおいたけん》）

甲冑《かっちゅう》　朱漆塗合子形兜・黒糸威五枚胴具足《しゅうるしぬりごうすなりかぶと・くろいとおどしごまいどうぐそく》

武器《ぶき》　日光一文字《にっこういちもんじ》

秀吉《ひでよし》に天下をとらせた智略《ちりゃく》ひかる稀《き》代《たい》の軍師《ぐんし》

羽柴《はしば》（のちの豊臣《とよとみ》）秀吉《ひでよし》の軍師《ぐんし》をつとめ、軍略《ぐんりゃく》や外交で活躍《かつやく》した武将《ぶしょう》。官兵衛《かんべえ》とは通称《つうしょう》で、本名は孝高《よしたか》、隠居後《いんきょご》の名は如水《じょすい》という。

黒田官兵衛《くろだかんべえ》は、播磨《はりま》の小寺氏《こでらし》の家臣《かしん》だったが、武田氏《たけだし》をやぶった織田信長《おだのぶなが》の躍進《やくしん》を見て、小寺氏《こでらし》とともに織田氏《おだし》にくだり、秀吉《ひでよし》と行動をともにした。

織田家臣《おだかしん》の荒木村重《あらきむらしげ》が信長《のぶなが》に反乱《はんらん》をおこした際《さい》、官兵衛《かんべえ》は村重《むらしげ》を説得する役をつとめたが、村重《むらしげ》にとらわれて幽閉《ゆうへい》される。信長《のぶなが》は、官兵衛《かんべえ》も寝返《ねがえ》ったと判断《はんだん》し、官兵衛《かんべえ》の息子の長政《ながまさ》を殺せと命令。そのとき、長政《ながまさ》は、秀吉《ひでよし》の軍師《ぐんし》の竹《たけ》中半兵衛《なかはんべえ》にかくまわれて命をたすけられた。一年後に救助された官《かん》兵衛《べえ》は、すでに病没《びょうぼつ》していた半兵《はんべ》衛《え》にかわって、秀吉《ひでよし》の軍師《ぐんし》となる。

本能寺《ほんのうじ》の変《へん》の際《さい》、秀吉《ひでよし》と中国地《ちゅうごくち》方《ほう》を攻略《こうりゃく》していた官兵衛《かんべえ》は、いちはやく明智光秀《あけちみつひで》を討《う》つよう進言する。秀吉《ひでよし》は、軍を京《きょう》へと急反転させた「中国大《ちゅうごくおお》がえし」で光秀《みつひで》を討《う》ち、天下統一《てんかとういつ》に名のりをあげた。

官兵衛《かんべえ》は、その後も各地での合戦で武功《ぶこう》をかさね、九州平定《きゅうしゅうへいてい》では戦奉行《いくさぶぎょう》をつとめて勝利をおさめると、秀吉《ひでよし》から豊前《ぶぜん》をあたえられて大名になった。

秀吉《ひでよし》の死後、関《せき》ヶ原《がはら》の戦《たたか》いで徳《とく》川家康《がわいえやす》に味方した官兵衛《かんべえ》は、筑前《ちくぜん》をあたえられ、のちに病死した。

さかさのお椀《わん》の変《か》わり兜《かぶと》
朱色《しゅいろ》の甲冑《かっちゅう》「如水《じょすい》の赤合子《あかごうす》」

朱漆塗合子形兜《しゅうるしぬりごうすなりかぶと》（福岡市博物館蔵《ふくおかしはくぶつかんぞう》）の「合《ごう》子《す》」とは、蓋《ふた》つきのお椀《わん》のこと。「合」の字には、あつまる、あわせる、むすぶ、つれそうなどの意味があり、それらのねがいをこめた兜《かぶと》なのではと推察《すいさつ》されている。この兜《かぶと》と、黒糸威五枚胴《くろいとおどしごまいどう》具足《ぐそく》（福岡市博物館蔵《ふくおかしはくぶつかんぞう》）とあわせて戦場で着用し、「如水《じょすい》の赤合子《あかごうす》」とよばれた。

日光一文字《にっこういちもんじ》（福岡市博物館蔵《ふくおかしはくぶつかんぞう》）は、小田原征《おだわらせい》伐《ばつ》で、黒田官兵衛《くろだかんべえ》が北条氏《ほうじょうし》との交渉役《こうしょうやく》をつとめたことで、豊臣秀吉《とよとみひでよし》、または北条氏直《ほうじょううじなお》からあたえられたといわれる。

甲冑《かっちゅう》

白檀塗蛇の目紋二枚胴具足《びゃくだんぬりじゃのめもんにまいどうぐそく》

武器《ぶき》

片鎌槍《かたかまやり》

蛇《じゃ》の目《め》

加《か》藤《とう》清《きよ》正《まさ》

生没年《せいぼつねん》　一五六二年～一六一一年

出身地《しゅっしんち》　尾張《おわり》（愛知県《あいちけん》）

居城《きょじょう》　熊本城《くまもとじょう》（熊本県《くまもとけん》）

秀吉軍《ひでよしぐん》きっての猛将《もうしょう》 熊本城《くまもとじょう》をきずいた築城《ちくじょう》名人

豊臣秀吉《とよとみひでよし》につかえ、数々《かずかず》の戦場で縦横無尽《じゅうおうむじん》に活躍《かつやく》した武将《ぶしょう》。熊本《くまもと》城《じょう》や名古屋城《なごやじょう》、江戸城《えどじょう》などを手がけた築城《ちくじょう》の名手で、みごとな石垣《いしがき》づくりで有名。

加藤清正《かとうきよまさ》は、尾張《おわり》の刀鍛冶《かたなかじ》の家にうまれ、若《わか》いころに、従兄《いとこ》の秀《ひで》吉《よし》のもとへ仕官《しかん》した。織田家臣《おだかしん》として出世しつつあった秀吉《ひでよし》は、血《けつ》縁《えん》関係の清正《きよまさ》をかわいがり、清正《きよまさ》も期待にこたえて武功《ぶこう》をかさねる。

織田信長《おだのぶなが》の死後、その後継者《こうけいしゃ》あらそいで秀吉《ひでよし》と柴田勝家《しばたかついえ》が激突《げきとつ》した賤ヶ岳《しずがたけ》の戦《たたか》いで、秀吉軍《ひでよしぐん》の清正《きよまさ》は、福島正則《ふくしままさのり》らと活躍《かつやく》し、「賤ヶ岳《しずがたけ》の七本槍《しちほんやり》」のひとりとしてたたえられた。また、秀吉《ひでよし》の天下統一《てんかとういつ》にむけた九州平定《きゅうしゅうへいてい》でも貢献《こうけん》し、肥後《ひご》の半分をあたえられた。

秀吉《ひでよし》が天下をとると、清正《きよまさ》は、朝鮮出兵《ちょうせんしゅっぺい》に従軍《じゅうぐん》して武功《ぶこう》をあげる。しかし、本国から指示《しじ》のみおくりつける秀吉《ひでよし》の側近、石田三成《いしだみつなり》と対立し、秀吉《ひでよし》が病没《びょうぼつ》すると、その関係はいよいよ悪化。清正《きよまさ》は、関《せき》ヶ《が》原《はら》の戦《たたか》いでは徳川家康《とくがわいえやす》に味方し、九州地方《きゅうしゅうちほう》の西軍《せいぐん》を撃破《げきは》して、東軍《とうぐん》の勝利に貢献《こうけん》した。

戦後、家康《いえやす》から肥後《ひご》をあたえられた清正《きよまさ》は、熊本城《くまもとじょう》をきずいて肥《ひ》後《ご》に良政《りょうせい》をしき、領民《りょうみん》からしたわれる大名となった。その後、豊臣《とよとみ》家《け》を存続《そんぞく》させる計画をすすめたが、達成できずに、病気で急死した。

武勇《ぶゆう》がきざまれた片鎌槍《かたかまやり》 旗印《はたじるし》には日蓮宗《にちれんしゅう》の題目《だいもく》

白檀塗蛇《びゃくだんぬりじゃ》の目紋二枚胴具足《めもんにまいどうぐそく》（本妙寺蔵《ほんみょうじぞう》）には、家紋《かもん》の蛇《じゃ》の目《め》が大きくえがかれている。片鎌槍《かたかまやり》（東京国立博物館蔵《とうきょうこくりつはくぶつかんぞう》）は、加藤清正《かとうきよまさ》が愛用した槍《やり》で、刃《は》の根元の片側《かたがわ》に鎌《かま》がついている。もとは、両側に鎌《かま》をもつ十文字三日月槍《じゅうもんじみかづきやり》という名だったが、島原《しまばら》の乱《らん》を鎮圧《ちんあつ》する激戦中《げきせんちゅう》、もしくは、朝鮮出兵《ちょうせんしゅっぺい》での虎退治《とらたいじ》の際《さい》に、片側《かたがわ》がおれてしまったとつたわる。

清正《きよまさ》は、日蓮宗《にちれんしゅう》の熱心な信徒だった。清正《きよまさ》の旗印《はたじるし》には、「南無妙法蓮華経《なむみょうほうれんげきょう》」という日蓮宗《にちれんしゅう》の題目《だいもく》がしるされている。

甲冑《かっちゅう》　不明

武器《ぶき》　日本号《にほんごう》

福島沢瀉《ふくしまおもだか》

福島正則《ふくしままさのり》

生没年《せいぼつねん》　一五六一年～一六二四年

出身地《しゅっしんち》　尾張《おわり》（愛知県《あいちけん》）

居城《きょじょう》　広島城《ひろしまじょう》（広島県《ひろしまけん》）

「賤《しず》ヶ岳《がたけ》の七本槍《しちほんやり》」の筆頭《ひっとう》 秀吉《ひでよし》につかえた荒武者《あらむしゃ》

豊臣秀吉《とよとみひでよし》につかえた武将《ぶしょう》。賤《しず》ヶ岳《たけ》の戦《たたか》いで活躍《かつやく》した「賤《しず》ヶ岳《たけ》の七本槍《しちほんやり》」のひとりで、一番の功績《こうせき》をあげた。血気さかんな荒武者《あらむしゃ》で、無類《むるい》の大酒のみとしても有名。

福島正則《ふくしままさのり》は、尾張《おわり》の桶屋《おけや》の家にうまれ、若《わか》いころに、従兄《いとこ》の秀吉《ひでよし》のもとへ仕官《しかん》した。出自のちかい加藤清正《かとうきよまさ》と親交がふかく、ふたりは秀吉軍《ひでよしぐん》きっての猛将《もうしょう》として数々《かずかず》の合戦で手柄《てがら》をあげていく。織田《おだ》信長《のぶなが》の死後、その後継者《こうけいしゃ》をあらそって秀吉《ひでよし》と柴田勝家《しばたかついえ》が賤《しず》ヶ岳《たけ》の戦《たたか》いで激突《げきとつ》した際《さい》、秀吉軍《ひでよしぐん》として参戦した正則《まさのり》は、大活躍《だいかつやく》して一番の武功《ぶこう》をおさめ、「賤《しず》ヶ岳《たけ》の七本《しちほん》槍《やり》」の筆頭《ひっとう》とたたえられた。なお、「七本槍《しちほんやり》」にかぞえられた武将《ぶしょう》は、福島正則《ふくしままさのり》、加藤清正《かとうきよまさ》、加藤嘉明《かとうよしあきら》、脇坂安治《わきざかやすはる》、平野長泰《ひらのながやす》、糟屋武則《かすやたけのり》、片桐且元《かたぎりかつもと》の七名とされる。

秀吉《ひでよし》の天下統一《てんかとういつ》にむけて、正則《まさのり》は、四国平定《しこくへいてい》で貢献《こうけん》し、伊予《いよ》に領地《りょうち》をあたえられた。その後、清正《きよまさ》とともに朝鮮出兵《ちょうせんしゅっぺい》に従軍《じゅうぐん》した際《さい》、秀吉《ひでよし》の側近、石田三成《いしだみつなり》と対立。秀吉《ひでよし》の死後は、徳川家康《とくがわいえやす》に味方して、関ヶ原《せきがはら》の戦《たたか》いで東軍《とうぐん》につく。戦後、家康《いえやす》から安芸《あき》と備後《びんご》をあたえられ、広島城《ひろしまじょう》の城主《じょうしゅ》となった。

徳川幕府《とくがわばくふ》の成立後、正則《まさのり》は、広島城《ひろしまじょう》を勝手に改築《かいちく》して、将軍秀忠《しょうぐんひでただ》の怒《いか》りをかう。領地《りょうち》を没収《ぼっしゅう》された正則《まさのり》は、失意のうちに世をさった。

天下の名槍《めいそう》を酒で放出 「黒田節《くろだぶし》」でうたいつがれる

水牛《すいぎゅう》の角《つの》をかたどる福島正則《ふくしままさのり》の兜《かぶと》は、もとは黒田長政《くろだながまさ》のもので、朝鮮出兵《ちょうせんしゅっぺい》からの帰国後に、おたがいの兜《かぶと》を交換《こうかん》したという。

日本号《にほんごう》（福岡市博物館蔵《ふくおかしはくぶつかんぞう》）は、天下三名槍《てんがさんめいそう》のひとつ。正則《まさのり》が、黒田長政《くろだながまさ》の家臣《かしん》の母里友信《もりとものぶ》をもてなした際《さい》、「大量の酒をのみほしたらすきな褒美《ほうび》をやる」と約束してしまい、それをはたした友信《とものぶ》の手にわたった。民謡《みんよう》の黒田節《くろだぶし》の第一節に、その様子がうたわれる。《酒は呑《の》め呑《の》め呑《の》むならば、日《ひ》の本一《もといち》のこの槍《やり》を、呑《の》みとるほどに呑《の》むならば、これぞまことの黒田武士《くろだぶし》》

大一大万大吉《だいいちだいまんだいきち》

石《いし》田《だ》三《みつ》成《なり》

生没年《せいぼつねん》 一五六〇年～一六〇〇年

出身地《しゅっしんち》 近江《おうみ》（滋賀県《しがけん》）

居城《きょじょう》 佐和山城《さわやまじょう》（滋賀県《しがけん》）

甲冑《かっちゅう》 紅糸素掛威伊予札二枚胴具足《くれないいとすがけおどしいよざねにまいどうぐそく》

武器《ぶき》 石田正宗《いしだまさむね》

豊臣《とよとみ》政権《せいけん》の敏腕《びんわん》行政官《ぎょうせいかん》 関《せき》ケ原《がはら》西軍《せいぐん》をまとめた智将《ちしょう》

豊臣秀吉《とよとみひでよし》につかえた武将《ぶしょう》で、豊《とよ》臣政権《とみせいけん》で政務《せいむ》をとりしきった五奉《ごぶ》行《ぎょう》のひとり。関ヶ原《せきがはら》の戦《たたか》いで、徳《とく》川家康《がわいえやす》の東軍《とうぐん》に対し、西軍《せいぐん》をまとめて大合戦にいどんだ。

石田《いしだ》三成《みつなり》は、近江《おうみ》の土豪《どごう》である石田家《いしだけ》にうまれ、はやくから秀吉《ひでよし》につかえた。「寺で小姓《こしょう》をしていた三成《みつなり》が、心をくばった三杯《ばい》の茶を秀吉《ひでよし》にだして気にいられた」という逸話《いつわ》が有名だが、これは江戸《えど》時代《じだい》に創作《そうさく》されたものだという。

本能寺《ほんのうじ》の変《へん》で信長《のぶなが》が死亡《しぼう》し、秀《ひで》吉《よし》が天下統一《てんかとういつ》にむけて全国に遠征《えんせい》をはじめると、三成《みつなり》は、軍備《ぐんび》や食料の輸送調達《ゆそうちょうたつ》といった後方支援《こうほうしえん》で頭角《とうかく》をあらわす。秀吉《ひでよし》が天下をとると、豊臣政権《とよとみせいけん》の政務《せいむ》を統括《とうかつ》する行政官《ぎょうせいかん》に抜擢《ばってき》され、多方面で活躍《かつやく》。その功績《こうせき》によって、秀吉《ひでよし》から近江《おうみ》をあたえられた三成《みつなり》は、佐和山城《さわやまじょう》を改築《かいちく》して居城《きょじょう》とし、私利私欲《しりしよく》のない良政《りょうせい》をしいて、領民《りょうみん》から尊敬《そんけい》された。

すぐれた政治能力《せいじのうりょく》をもつ三成《みつなり》だが、物事を合理的にはこびすぎるあまり、人望にとぼしく、武断派《ぶだんは》の加藤清正《かとうきよまさ》や福島正則《ふくしままさのり》らが反目した。秀吉《ひでよし》の死後には、家康《いえやす》が豊臣《とよとみ》家《け》に圧力《あつりょく》をかけてきたため、三成《みつなり》は、家康《いえやす》と対立する大名をまとめて関ヶ原《せきがはら》の戦《たたか》いにのぞむ。しかし、西軍《せいぐん》が惨敗《ざんぱい》し、三成《みつなり》は、京《きょう》の六条《ろくじょう》河原《がわら》で斬首《ざんしゅ》された。

三成《みつなり》の信条《しんじょう》をあらわした「大一大万大吉《だいいちだいまんだいきち》」の六文字

石田三成《いしだみつなり》の家紋《かもん》にある「大一大万大吉《だいいちだいまんだいきち》」は、「一人が万人のため、万人が一人のためにつくせば天下が大吉《だいきち》になる」という意味をもち、滅《めっ》私《し》して世につくした三成《みつなり》の信条《しんじょう》とかさなる。

石田正宗《いしだまさむね》（東京国立博物館蔵《とうきょうこくりつはくぶつかんぞう》）は、宇喜多秀《うきたひで》家《いえ》からおくられたもので、刀身に、敵《てき》の攻撃《こうげき》をうけた刀傷《かたなきず》をもつ。三成《みつなり》は、関ヶ原《せきがはら》の戦《たたか》いの前年に、徳川家康《とくがわいえやす》の次男の結城秀康《ゆうきひでやす》に護衛《ごえい》される機会があり、道中で意気投合《いきとうごう》して、この刀を秀《ひで》康《やす》におくった。秀康《ひでやす》は、刀を石田正宗《いしだまさむね》と名づけて、生涯《しょうがい》にわたり愛用したという。

※紅糸素掛威伊予札二枚胴具足《くれないいとすがけおどしいよざねにまいどうぐそく》：個人蔵《こじんぞう》

三《み》つ柏《かしわ》

島《しま》左《さ》近《こん》

生没年《せいぼつねん》　一五四〇年ごろ〜一六〇〇年ごろ

出身地《しゅっしんち》　大和《やまと》(奈良県《ならけん》)

居《きょ》城《じょう》　不明

甲冑《かっちゅう》　不明

武《ぶ》器《き》　不明

石田三成《いしだみつなり》の懐刀《ふところがたな》 関ケ原《せきがはら》で奮戦《ふんせん》した闘将《とうしょう》

石田三成《いしだみつなり》の重臣《じゅうしん》で、戦《いくさ》にめっぽう強く、関ケ原《せきがはら》の戦《たたか》いでは西軍《せいぐん》で獅子奮迅《ししふんじん》の活躍《かつやく》をした武将《ぶしょう》。左近《さこん》の名は通称《つうしょう》で、本名は清興《きよおき》。

島左近《しまさこん》は、もとは、大和《やまと》の大名である筒井氏《つついし》の家臣《かしん》だった。無類《むるい》の戦上手《いくさじょうず》として知られていたが、領主《りょうしゅ》と意見があわず、筒井家《つついけ》をさって浪人《ろうにん》生活をはじめる。すると、その武勇《ぶゆう》を知っている武将《ぶしょう》たちが、つぎつぎと左近《さこん》に仕官《しかん》を要請《ようせい》してきた。しかし左近《さこん》は、これらをすべてことわったという。

そんななか、石田三成《いしだみつなり》からも仕《し》官《かん》のさそいがあった。左近《さこん》は、はじめは辞退《じたい》したが、三成《みつなり》からの熱心な説得と破格《はかく》の待遇《たいぐう》に感銘《かんめい》をうけ、三成《みつなり》にたりない「武《ぶ》」をおぎなうために、家臣《かしん》となることを決意する。

左近《さこん》の仕官《しかん》におどろいた武将《ぶしょう》たちは、「治部少《じぶしょう》（三成《みつなり》の官職名《かんしょくめい》）にすぎたるものがふたつあり、島《しま》の左近《さこん》と佐和山《さわやま》の城《しろ》」とうたって、名将《めいしょう》の島左近《しまさこん》と、名城《めいじょう》の佐和山城《さわやまじょう》が、評判《ひょうばん》のわるい三成《みつなり》のものであることを揶揄《やゆ》した。

関ケ原《せきがはら》の戦《たたか》いで、左近《さこん》は、西軍《せいぐん》の最前線《さいぜんせん》で奮戦《ふんせん》した。鬼気《きき》せまるいきおいで東軍《とうぐん》を攻《せ》めたてたが、側面《そくめん》から鉄砲隊《てっぽうたい》にうたれて戦死したとされる。一方で、遺体《いたい》はついに見つからず、その戦《いくさ》のあとも生《せい》存《ぞん》したとする説もある。

戦国武将《せんごくぶしょう》の生存説《せいぞんせつ》 京都《きょうと》にのこる左近《さこん》の墓《はか》

戦死した武将《ぶしょう》が「じつは生存《せいぞん》していた」とする異説《いせつ》は多い。島左近《しまさこん》もそのひとりである。

定説での左近《さこん》は、関ケ原《せきがはら》の戦《たたか》いで、黒田長政《くろだながまさ》軍《ぐん》と壮絶《そうぜつ》にたたかい、銃弾《じゅうだん》にたおれた。その奮《ふん》戦《せん》ぶりを目《ま》のあたりにした黒田軍《くろだぐん》の兵士は、戦後も左近《さこん》が夢にでて、おびえつづけたという。

一方で、左近《さこん》の遺体《いたい》は見つからなかった。また、戦後に京《きょう》で左近《さこん》を見たといううわさがいくつもながれ、農民になったという逸話《いつわ》もある。

京都《きょうと》の立本寺《りゅうほんじ》には左近《さこん》の墓《はか》があり、この寺の僧《そう》となって一六三二年に死去《しきょ》したとある。

対《むか》い蝶《ちょう》

大谷吉継《おおたによしつぐ》

生没年《せいぼつねん》 一五五九年ごろ～一六〇〇年

出身地《しゅっしんち》 近江《おうみ》（滋賀県《しがけん》）

居城《きょじょう》 敦賀城《つるがじょう》（福井県《ふくいけん》）

甲冑《かっちゅう》 不明

武器《ぶき》 敦賀正宗《つるがまさむね》

盟友《めいゆう》三成《みつなり》と共闘《きょうとう》した智将《ちしょう》 病《やまい》をおして関ケ原《せきがはら》に参陣《さんじん》

豊臣《とよとみ》秀吉《ひでよし》の家臣《かしん》で、盟友《めいゆう》の石田《いしだ》三成《みつなり》とともに、政務《せいむ》や外交で活躍《かつやく》した武将《ぶしょう》。重病をわずらった顔をかくすために着用した白頭巾《しろずきん》姿《すがた》で知られる。官職名《かんしょくめい》の刑部少輔《ぎょうぶしょうゆう》から、大谷刑部《おおたにぎょうぶ》ともよばれる。

大谷吉継《おおたによしつぐ》は、織田信長《おだのぶなが》の家臣《かしん》をしていた秀吉《ひでよし》につかえ、敵軍《てきぐん》の調略《ちょうりゃく》や、合戦の後方《こうほう》支援《しえん》などで功績《こうせき》をあげた。秀吉《ひでよし》がはじめた九州平定《きゅうしゅうへいてい》では、石田三成《いしだみつなり》とともに物資《ぶっし》の輸送《ゆそう》を担当《たんとう》し、みごとに完遂《かんすい》。ほうびとして、敦賀《つるが》をあたえられる。天下をとった秀吉《ひでよし》がはじめた文禄《ぶんろく》・慶長《けいちょう》の役《えき》でも、三成《みつなり》とともに船や物資《ぶっし》の手配を担当《たんとう》し、明《みん》（中国《ちゅうごく》）との和平交渉《わへいこうしょう》にも従事《じゅうじ》した。しかし、帰国してまもなく重病にかかり、のちに失明もしている。

三成《みつなり》と親交がふかく、人望のない三成《みつなり》をだれよりも理解《りかい》した。三成《みつなり》も、武将《ぶしょう》たちが重病の吉継《よしつぐ》から距離《きょり》をおくなか、普段《ふだん》どおりにつきあったという。秀吉《ひでよし》の死後、徳川家康《とくがわいえやす》の打倒《だとう》をきめた三成《みつなり》に対し、吉継《よしつぐ》は、「勝機はない」として説得したが、それでもゆるがない三成《みつなり》に加勢《かせい》することを決意し、輿《こし》にのって関ケ原《せきがはら》の戦《たたか》いにのぞむ。

吉継《よしつぐ》は、小早川秀秋《こばやかわひであき》の寝返《ねがえ》りを予想しており、わずかな手勢《てぜい》で秀秋《ひであき》の大軍をおしかえす場面もあった。しかし、ほどなく大谷軍《おおたにぐん》が壊滅《かいめつ》し、吉継《よしつぐ》は自刃《じじん》した。

真田信繁《さなだのぶしげ》と親交をふかめ 大事な娘《むすめ》をとつがせる

敦賀正宗《つるがまさむね》は、所有者の大谷吉継《おおたによしつぐ》が敦賀城《つるがじょう》の城主《じょうしゅ》だったことから、この名でよばれる。吉継《よしつぐ》の死後、徳川家康《とくがわいえやす》の次男の結城秀康《ゆうきひでやす》の手にわたり、のちに島津家《しまづけ》が所有したが、昭和《しょうわ》にはいってから所在《しょざい》がわからなくなっている。

吉継《よしつぐ》は、豊臣秀吉《とよとみひでよし》の馬廻衆《うままわりしゅう》だった真田信繁《さなだのぶしげ》としたしくなり、娘《むすめ》を正室《せいしつ》にだした。娘《むすめ》の詳細《しょうさい》は不明で、名前も「竹林院《ちくりんいん》」という死後の法名《ほうみょう》しかわかっていないが、ふたりはたくさんの子どもをもうけている。竹林院《ちくりんいん》は、信繁《のぶしげ》の死後に京《きょう》で余生《よせい》をおくり、一六四九年に他界した。

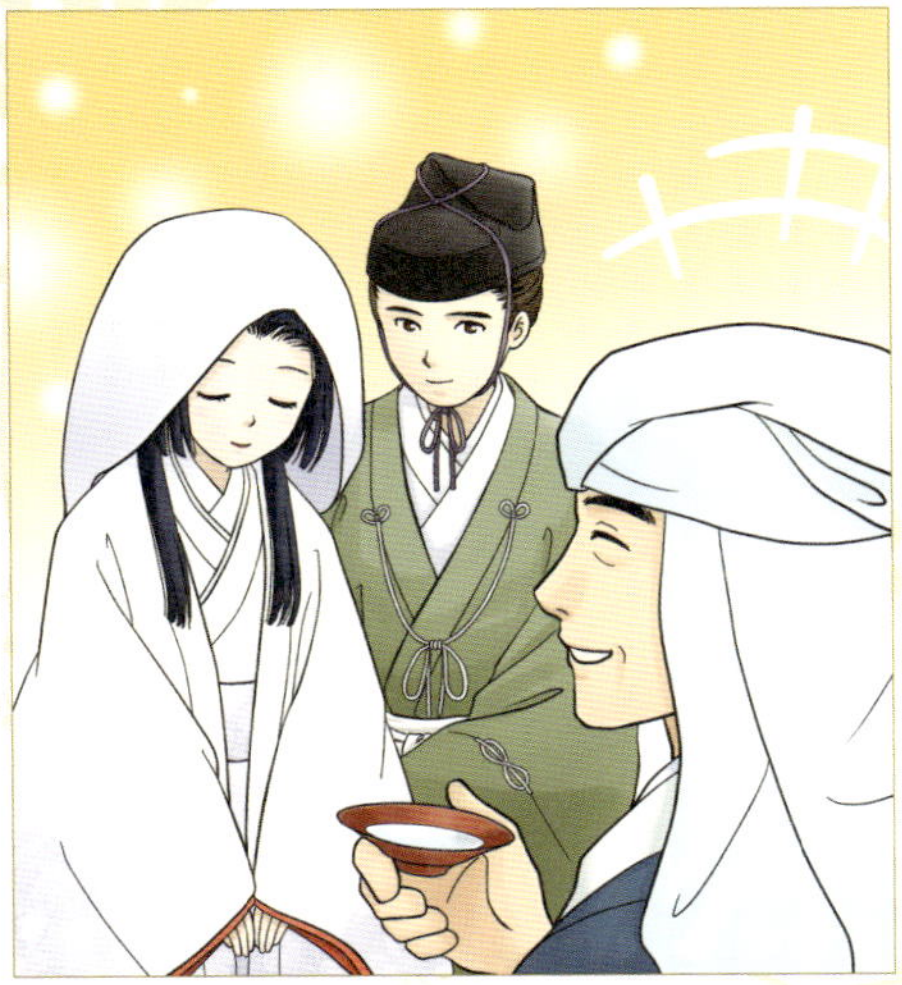

二羽《にわ》飛《と》び雀《すずめ》

上杉景勝《うえすぎかげかつ》

生没年《せいぼつねん》 一五五五年～一六二三年

出身地《しゅっしんち》 越後《えちご》（新潟県《にいがたけん》）

居城《きょじょう》 春日山城《かすがやまじょう》（新潟県《にいがたけん》）、米沢城《よねざわじょう》（山形県《やまがたけん》）

甲冑《かっちゅう》 鉄黒漆塗紺糸威異製最上胴具足
てつくろうるしぬりこんいとおどしいせいもがみどうぐそく

武器《ぶき》 備前一文字弘□
びぜんいちもんじひろ□

※武器名《ぶきめい》（刀名）にある「□」は、ここにはいるはずの不明の文字を意味する空らんをあらわします。

上杉謙信《うえすぎけんしん》の後継者《こうけいしゃ》
家康《いえやす》にあらがった大名

上杉謙信《うえすぎけんしん》の死後に当主となって、豊臣秀吉《とよとみひでよし》と徳川家康《とくがわいえやす》に大きく影響《えいきょう》をあたえた、越後《えちご》の大名。

上杉景勝《うえすぎかげかつ》は、越後《えちご》の武将《ぶしょう》の長尾《ながお》家《け》にうまれ、実子のいない叔父《おじ》の謙信《けんしん》のもとへ養子にだされた。後継者《こうけいしゃ》を指名しないまま謙信《けんしん》が急死すると、景勝《かげかつ》は、おなじ養子の上杉景虎《うえすぎかげとら》と、当主の座《ざ》をあらそう。一年におよぶ争乱《そうらん》ののち、景勝《かげかつ》が勝利し、景虎《かげとら》は自害して決着した。

敵対《てきたい》していた織田信長《おだのぶなが》が北進をはじめ、上杉《うえすぎ》氏《し》は滅亡《めつぼう》の危機《きき》にたたされる。しかし、本能寺《ほんのうじ》の変《へん》で信長《のぶなが》が死亡《しぼう》し、窮地《きゅうち》をだっした。景勝《かげかつ》は、信長《のぶなが》の後継者《こうけいしゃ》となった秀吉《ひでよし》への協力を決意。小田原征伐《おだわらせいばつ》や朝鮮出兵《ちょうせんしゅっぺい》などで貢献《こうけん》して秀吉《ひでよし》の信頼《しんらい》をえると、会津《あいづ》に百二十万石《ごく》をあたえられて、のちに五大老《ごたいろう》の一員にもえらばれた。

秀吉《ひでよし》の死後、家康《いえやす》が強大な権力《けんりょく》をもつ。これと敵対《てきたい》した景勝《かげかつ》は、家康《いえやす》を挑発《ちょうはつ》して会津《あいづ》へと出兵させ、徳川打倒《とくがわだとう》を計画する石田三成《いしだみつなり》に協力。関ケ原《せきがはら》で両軍の主力が激突《げきとつ》するなか、上杉軍《うえすぎぐん》は、出羽《でわ》で伊達政宗《だてまさむね》や最上義光《もがみよしあき》と交戦した。

しかし、関ケ原《せきがはら》で西軍《せいぐん》が大敗し、景勝《かげかつ》もやむなく降伏《こうふく》。三十万石《ごく》の米沢《よねざわ》に領地《りょうち》をうつされたが、それでも景勝《かげかつ》は、重臣《じゅうしん》の直江兼続《なおえかねつぐ》とともに領内《りょうない》の政治《せいじ》に心血をそそぎつつ、病気で世をさった。

敵《てき》に塩をおくった上杉謙信《うえすぎけんしん》 その返礼にもらった名刀

鉄黒漆塗紺糸威異製最上胴具足《てつくろうるしぬりこんいとおどしいせいもがみどうぐそく》（新潟県立歴史博物館蔵《にいがたけんりつれきしはくぶつかんぞう》）の兜《かぶと》には、仏教《ぶっきょう》でめでたいことを意味する「卍《まんじ》」がしるされ、その下には猪《いのしし》（仏教《ぶっきょう》の守護神《しゅごしん》の摩利支天《まりしてん》）がついている。

備前一文字弘《びぜんいちもんじひろ》□（東京国立博物館蔵《とうきょうこくりつはくぶつかんぞう》）は、塩《しお》留《ど》めの太刀《たち》の別名をもつ。武田信玄《たけだしんげん》が、敵国《てきこく》との戦争で経済封鎖《けいざいふうさ》され、塩不足で困窮《こんきゅう》していた際《さい》、敵対関係《てきたいかんけい》にあった上杉謙信《うえすぎけんしん》が、義《ぎ》の観点から塩を援助《えんじょ》した。この逸話《いつわ》から「敵《てき》に塩をおくる」ということわざができたという。武田《たけだ》氏は、その返礼として、この刀を上杉《うえすぎ》氏《し》におくった。

亀甲《きっこう》に花菱《はなびし》

直《なお》江《え》兼《かね》続《つぐ》

生没年《せいぼつねん》
一五六〇年～一六一九年

出身地《しゅっしんち》
越後《えちご》（新潟県《にいがたけん》）

居城《きょじょう》
与板城《よいたじょう》（新潟県《にいがたけん》）

甲冑《かっちゅう》
金小札浅葱威二枚胴具足《きんこざねあさぎおどしにまいどうぐそく》

武器《ぶき》
水神切兼光《すいじんぎりかねみつ》

上杉景勝《うえすぎかげかつ》の忠実《ちゅうじつ》な名参謀《めいさんぼう》 智勇《ちゆう》かねそなえた義人《ぎじん》

上杉景勝《うえすぎかげかつ》の重臣《じゅうしん》で、政治《せいじ》と軍事で活躍《かつやく》し、上杉家《うえすぎけ》の存続《そんぞく》に尽力《じんりょく》した武将《ぶしょう》。「愛」の字をあしらった兜《かぶと》や、書状《しょじょう》の「直江状《なおえじょう》」が有名。

直江兼続《なおえかねつぐ》は、上杉家臣《うえすぎかしん》の樋口家《ひぐちけ》にうまれ、幼少時《ようしょうじ》から上杉家《うえすぎけ》につかえた。上杉謙信《うえすぎけんしん》が急死して後継《こうけい》者《しゃ》あらそいがおきると、兼続《かねつぐ》は、景勝側《かげかつがわ》について勝利に貢献《こうけん》し、景《かげ》勝《かつ》の側近に起用される。内政《ないせい》をまかされた兼続《かねつぐ》は、争乱《そうらん》で疲弊《ひへい》していた越後《えちご》を熱心にたてなおし、謙《けん》信《しん》の時代以上に繁栄《はんえい》させた。

兼続《かねつぐ》は、学問や文化への関心もふかかった。豊臣秀吉《とよとみひでよし》の命《めい》で朝鮮《ちょうせん》に出兵した際《さい》は、多数の歴史書や医学書を書写、収集《しゅうしゅう》した。また、木版技術《もくはんぎじゅつ》をもちかえり「直江版《なおえばん》」といわれる活字本を出版《しゅっぱん》している。

秀吉《ひでよし》の死後、強大な権力《けんりょく》をもった徳川家康《とくがわいえやす》から、当主の景勝《かげかつ》が謀《む》叛《ほん》をうたがわれ、上洛《じょうらく》をうながされる。兼続《かねつぐ》は、この要求を毅然《きぜん》とはねつけ、家康《いえやす》を挑発的《ちょうはつてき》に糾弾《きゅうだん》する「直江状《なおえじょう》」をおくった。これがきっかけで家康《いえやす》の会津征伐《あいづせいばつ》、ひいては関ヶ原《せきがはら》の戦《たたか》いがおこったが、現在《げんざい》では、この「直江状《なおえじょう》」は偽書《ぎしょ》だという説もある。

関ヶ原《せきがはら》の戦《たたか》いの敗戦後、上杉氏《うえすぎし》は三十万石《ごく》の米沢《よねざわ》に減封《げんぽう》された。兼続《かねつぐ》は、当主景勝《かげかつ》とともにこの地で内政《ないせい》にはげみ、米沢藩《よねざわはん》の基礎《きそ》をきずいたのち、病没《びょうぼつ》した。

兜《かぶと》の「愛」は軍神に由来 洪水《こうずい》をしずめた神秘《しんぴ》の名刀

金小札浅葱威二枚胴具足《きんこざねあさぎおどしにまいどうぐそく》（上杉神社蔵《うえすぎじんじゃぞう》）は、兜《かぶと》の前立《まえだて》に大きな「愛」の一字がほどこされている。この字は、軍神がまつられる愛宕神社《あたごじんじゃ》、または、軍神の愛染明王《あいぜんみょうおう》に由来するといわれる。

水神切兼光《すいじんぎりかねみつ》（個人蔵《こじんぞう》）は、直江兼続《なおえかねつぐ》が水神《すいじん》を切って洪水《こうずい》をおさめたという伝説をもつ。

兼続《かねつぐ》は、米沢藩《よねざわはん》において、氾濫《はんらん》をくりかえしていた最上川《もがみがわ》上流に三キロメートルにわたって巨石《きょせき》をつらね、直江石堤《なおえせきてい》とよばれる堤防《ていぼう》をきずいた。治水《ちすい》事業の成功により新田《しんでん》開発がすすみ、石高《こくだか》は、五十万石《ごく》以上にもなったという。

一文字《いちもんじ》に三《み》つ星《ぼし》

毛利輝元《もうりてるもと》

生没年《せいぼつねん》　一五五三年〜一六二五年

出身地《しゅっしんち》　安芸《あき》（広島県《ひろしまけん》）

居城《きょじょう》　広島城《ひろしまじょう》（広島県《ひろしまけん》）

甲冑《かっちゅう》　赤糸威胴丸具足《あかいとおどしどうまるぐそく》

武器《ぶき》　漆絵大小拵《うるしえだいしょうこしらえ》

「毛利両川《もうりりょうせん》」の後援《こうえん》をもつ関ヶ原《せきがはら》西軍《せいぐん》の総大将《そうだいしょう》

名将《めいしょう》の毛利元就《もうりもとなり》を祖父《そふ》にもち、関ヶ原《せきがはら》の戦《たたか》いで西軍《せいぐん》の総大将《そうだいしょう》をつとめた、安芸《あき》の大名。

毛利輝元《もうりてるもと》は、中国地方《ちゅうごくちほう》を制覇《せいは》した毛利元就《もうりもとなり》の孫で、父の隆元《たかもと》の急死により、若《わか》くして毛利家《もうりけ》をついだ。元就《もとなり》の死後は、叔父《おじ》の吉川元春《きっかわもとはる》と小早川隆景《こばやかわたかかげ》が輝元《てるもと》をたすけた。これは、吉川《きっかわ》と小早川《こばやかわ》のふたつの「川」が毛利《もうり》をささえるという、元就《もとなり》が構想《こうそう》した「毛利両川《もうりりょうせん》」の体制《たいせい》によるものだった。

輝元《てるもと》は、台頭《たいとう》する織田信長《おだのぶなが》にあらがい、信長《のぶなが》に追放された将軍《しょうぐん》の足利義昭《あしかがよしあき》を庇護《ひご》して、信長《のぶなが》が攻《せ》めた石山本願寺《いしやまほんがんじ》も救援《きゅうえん》した。信長《のぶなが》は、中国地方《ちゅうごくちほう》を征伐《せいばつ》すべく羽柴《はしば》（のちの豊臣《とよとみ》）秀吉《ひでよし》をおくって猛攻《もうこう》を開始した直後に、本能寺《ほんのうじ》の変《へん》で落命する。秀吉《ひでよし》が明智光秀《あけちみつひで》を討《う》つため軍を退却《たいきゃく》させたところを、輝元《てるもと》が追撃《ついげき》しなかったことで、のちに天下をとった秀吉《ひでよし》から信頼《しんらい》され、豊《とよ》臣政権下《みせいけんか》で領地《りょうち》を百二十万石《ごく》まで拡大《かくだい》し、五大老《ごたいろう》の一員にもなった。

秀吉《ひでよし》の死後、徳川家康《とくがわいえやす》と対立する石田三成《いしだみつなり》にたのまれて西軍《せいぐん》の総《そう》大将《だいしょう》となり、大坂城《おおさかじょう》にはいった。しかし、吉川《きっかわ》氏の助言から戦場にはでず、大坂城《おおさかじょう》で敗戦をむかえる。輝元《てるもと》は、当主の座《ざ》を息子の秀就《ひでなり》にゆずって隠居《いんきょ》し、のちに病没《びょうぼつ》。毛《もう》利《り》氏は、長門《ながと》と周防《すおう》（のちの長州《ちょうしゅう》藩《はん》）の三十六万石《ごく》に減封《げんぽう》された。

豪華《ごうか》で奇抜《きばつ》な大将《たいしょう》の武具《ぶぐ》
異風《いふう》をこのんだ輝元《てるもと》の美学

赤糸威胴丸具足《あかいとおどしどうまるぐそく》（嚴島神社蔵《いつくしまじんじゃぞう》）は、兜《かぶと》の前立《まえだて》に、毛利家《もうりけ》の家紋《かもん》のひとつ「五七桐《ごしちのきり》」が、すかしぼりでほどこされている。

漆絵大小拵《うるしえだいしょうこしらえ》（嚴島神社蔵《いつくしまじんじゃぞう》）は、毛利輝元《もうりてるもと》が嚴《いつく》島神社《しまじんじゃ》に奉納《ほうのう》した宝刀《ほうとう》で、鞘《さや》には、金箔《きんぱく》の上に漆《うるし》で龍《りゅう》がえがかれている。先の幅《はば》が太いという変わった形状《けいじょう》をしているが、鞘《さや》のなかには真剣《しんけん》がおさめてあり、毛利家《もうりけ》の儀礼用《ぎれいよう》につかわれたものとかんがえられている。江戸時代《えどじだい》にしるされた『常山紀談《じょうざんきだん》』には、豊臣秀吉《とよとみひでよし》が輝元《てるもと》の刀を見て、「異風《いふう》をこのむ」と評《ひょう》したとある。

剣片喰《けんかたばみ》

宇《う》喜《き》多《た》秀《ひで》家《いえ》

生没年《せいぼつねん》　一五七二年〜一六五五年

出身地《しゅっしんち》　備前《びぜん》（岡山県《おかやまけん》）

居城《きょじょう》　岡山城《おかやまじょう》（岡山県《おかやまけん》）

甲冑《かっちゅう》　不明

武器《ぶき》　不明

関ヶ原《せきがはら》西軍《せいぐん》の若《わか》き副大将《ふくだいしょう》
離島《りとう》にながされ生涯《しょうがい》をおえる

豊臣政権《とよとみせいけん》をになった五大老《ごたいろう》のひとりで、関ヶ原《せきがはら》の戦《たたか》いで西軍《せいぐん》の副《ふく》大将《だいしょう》をつとめた、備前《びぜん》の大名。敗戦後は八丈島《はちじょうじま》に流罪《るざい》となり、終生、赦免《しゃめん》されなかった。

宇喜多秀家《うきたひでいえ》は、斎藤道三《さいとうどうさん》や毛利《もうり》元就《もとなり》とならぶ稀代《きたい》の謀略家《ぼうりゃくか》として知られる宇喜多直家《うきたなおいえ》の息子で、直《なお》家《いえ》が下克上《げこくじょう》で手にいれた備前《びぜん》をついで、若《わか》くして宇喜多《うきた》家の当主となった。織田信長《おだのぶなが》の命《めい》で中国地方《ちゅうごくちほう》の平定《へいてい》にきた羽柴軍《はしばぐん》に協力したことで秀吉《ひでよし》から信頼《しんらい》され、のちに、備前《びぜん》と美作《みまさか》、備中《びっちゅう》の半分をあたえられて有力大名へと成長する。また、秀吉《ひでよし》の養女（前田利家《まえだとしいえ》の娘《むすめ》）の豪姫《ごうひめ》と結婚《けっこん》し、豊臣家《とよとみけ》の一族としての待遇《たいぐう》をうけた。

秀家《ひでいえ》は、戦場でも縦横無尽《じゅうおうむじん》に活《かつ》躍《やく》した。九州平定《きゅうしゅうへいてい》や小田原征伐《おだわらせいばつ》で武功《ぶこう》をあげ、文禄《ぶんろく》の役《えき》では総大将《そうだいしょう》をつとめる。全国に実力をしめした秀家《ひでいえ》は、豊臣政権《とよとみせいけん》の重役である五大老《ごたいろう》のひとりにもえらばれた。

秀吉《ひでよし》の死後、豊臣家《とよとみけ》をおびやかす徳川家康《とくがわいえやす》に対して石田三成《いしだみつなり》が決起すると、秀家《ひでいえ》も同調し、西軍《せいぐん》の副大将《ふくだいしょう》をひきうけて関ヶ原《せきがはら》の戦《たたか》いにのぞむ。しかし、西軍《せいぐん》が大敗し、秀家《ひでいえ》は薩摩《さつま》までにげたが、やがて徳川《とくがわ》の手におちた。死罪《しざい》こそまぬかれたが、一六〇六年に八丈島《はちじょうじま》にながされた秀家《ひでいえ》は、長い離島《りとう》生活ののち、一六五五年に病没《びょうぼつ》した。

はなればなれになっても愛しあった秀家《ひでいえ》と豪姫《ごうひめ》

宇喜多秀家《うきたひでいえ》は、関ヶ原《せきがはら》の戦《たたか》いで敗北してから、数十日間にわたって命がけの逃亡《とうぼう》をつづけた。そのとちゅう、大坂《おおさか》でひそかに愛妻《あいさい》の豪姫《ごうひめ》と再《さい》会《かい》して、数日間をともにしたあと、薩摩《さつま》へと旅だつ。これがふたりの最後の別れとなった。

秀家《ひでいえ》の八丈島《はちじょうじま》への流罪《るざい》が決定したとき、豪姫《ごうひめ》は、自分も同行したいと幕府《ばくふ》に懇願《こんがん》したが、ゆるされなかった。その後、秀家《ひでいえ》が八丈島《はちじょうじま》で困窮《こんきゅう》した生活をおくっていることを知った豪姫《ごうひめ》は、幕府《ばくふ》にねがいでて許可《きょか》をとり、米や金や衣料品などを、毎年、八丈島《はちじょうじま》におくりつづけた。

左三つ巴《ひだりみつどもえ》

小早川秀秋《こばやかわひであき》

生没年《せいぼつねん》　一五八二年～一六〇二年

出身地《しゅっしんち》　近江《おうみ》（滋賀県《しがけん》）

居城《きょじょう》　岡山城《おかやまじょう》（岡山県《おかやまけん》）

甲冑《かっちゅう》　三鍬形後立兜紫糸威二枚胴具足《みつくわがたうしろだてかぶとむらさきいとおどしにまいどうぐそく》

武器《ぶき》　波およぎ兼光《なみおよぎかねみつ》

もとは秀吉《ひでよし》の後継者候補《こうけいしゃこうほ》 関ヶ原《せきがはら》でまさかの寝返《ねがえ》り

豊臣秀吉《とよとみひでよし》の後継者《こうけいしゃ》として期待された、豊臣家臣《とよとみかしん》。小早川家《こばやかわけ》に養子にだされたのち、関ヶ原《せきがはら》の戦《たたか》いで西軍《せいぐん》をうらぎった。

小早川秀秋《こばやかわひであき》は、生後まもなく叔《お》父《じ》の秀吉《ひでよし》の養子となり、秀吉《ひでよし》の後《こう》継者候補《けいしゃこうほ》としてそだてられた。しかし、秀吉《ひでよし》の側室《そくしつ》である淀殿《よどどの》が秀《ひで》頼《より》を出産すると、秀秋《ひであき》はうとんじられ、他家へ養子にだされる。その際《さい》、毛利氏《もうりし》への縁組《えんぐみ》が計画されたが、毛利元就《もうりもとなり》の三男の小早川隆《こばやかわたか》景《かげ》が、毛利家《もうりけ》の実権《じっけん》を豊臣家《とよとみけ》に掌《しょう》握《あく》されることを危惧《きぐ》し、小早川家《こばやかわけ》で秀秋《ひであき》をひきとった。隆景《たかかげ》は、秀《ひで》秋《あき》に家督《かとく》をゆずり、病没《びょうぼつ》する。

秀秋《ひであき》は、慶長《けいちょう》の役《えき》で総大将《そうだいしょう》をつとめ、最前線《さいぜんせん》で奮戦《ふんせん》した。これが軽率《けいそつ》な行為《こうい》だったと秀吉《ひでよし》から非難《ひなん》され、領地《りょうち》を没収《ぼっしゅう》されそうになる。その後、秀吉《ひでよし》が病没《びょうぼつ》すると、徳川《とくがわ》家康《いえやす》の助力で領地没収《りょうちぼっしゅう》はまぬかれ、家康《いえやす》に恩義《おんぎ》をいだくようになる。

一六〇〇年、関ヶ原《せきがはら》の戦《たたか》いで、大軍をひきいる秀秋《ひであき》は、西軍側《せいぐんがわ》に布陣《ふじん》した。しかし、合戦の中盤《ちゅうばん》で突如《とつじょ》、東軍《とうぐん》に寝返《ねがえ》り、西軍《せいぐん》の大谷《おおたに》吉継《よしつぐ》を攻撃《こうげき》する。この寝返《ねがえ》りをきっかけに、東軍《とうぐん》は大勝利をおさめ、秀秋《ひであき》は、戦功《せんこう》として備前《びぜん》五十万石《ごく》をあたえられた。

合戦から二年後、秀秋《ひであき》は病気で急死した。周囲からは、大谷吉継《おおたによしつぐ》の呪《のろ》いだとうわさされたという。

小早川家《こばやかわけ》の当主なのに 秀吉《ひでよし》の家紋《かもん》がめだつ甲冑《かっちゅう》

三鍬形後立兜《みつくわがたうしろだてかぶと》紫糸威《むらさきいとおどし》二枚胴具足《にまいどうぐそく》（靖国神社《やすくにじんじゃ》蔵《ぞう》）は、豊臣《とよとみ》の家紋《かもん》である五七桐《ごしちのきり》が肩《かた》部分に大きくはいっている。また、腿《もも》には木下《きのした》の家紋《かもん》の木下沢瀉《きのしたおもだか》がある。一方で、小早川《こばやかわ》の家紋《かもん》はほどこされておらず、この具足《ぐそく》を初陣《ういじん》の慶長《けいちょう》の役《えき》以降《こう》に着用していたならば、豊臣家《とよとみけ》の血縁《けつえん》であるという、プライドの高さがうかがい知れる。

波およぎ兼光《かねみつ》は、この刀で斬《き》られた男が川にとびこんでにげた際《さい》、およいでいるうちに首がおちたという伝説をもつ。豊臣秀次《とよとみひでつぐ》、小早川秀《こばやかわひで》秋《あき》、立花宗茂《たちばなむねしげ》などが所持し、現在《げんざい》は所在《しょざい》不明。

三《み》つ鱗《うろこ》

北条氏政《ほうじょううじまさ》

生没年《せいぼつねん》 一五三八年～一五九〇年

出身地《しゅっしんち》 相模《さがみ》（神奈川県《かながわけん》）

居城《きょじょう》 小田原城《おだわらじょう》（神奈川県《かながわけん》）

甲冑《かっちゅう》 不明

武器《ぶき》 不明

難《なん》攻《こう》不《ふ》落《らく》の小《お》田《だ》原《わら》城《じょう》で秀《ひで》吉《よし》に反《はん》抗《こう》しつづけた大名

関東地方《かんとうちほう》中南部を支配《しはい》した、相模《さがみ》の大名。豊臣秀吉《とよとみひでよし》への従属《じゅうぞく》をこばみ、小田原征伐《おだわらせいばつ》をまねいた。

北条氏政《ほうじょううじまさ》は、父の氏康《うじやす》のあとをつぎ、北条家《ほうじょうけ》の四代目当主の座《ざ》についた。隣国《りんごく》には有力大名がひしめいていたが、ときに敵対《てきたい》し、ときに同盟《どうめい》をむすんで、領地《りょうち》の確保《かくほ》に尽力《じんりょく》する。本拠《ほんきょ》の小田原城《おだわらじょう》もたびたび攻撃《こうげき》されたが、上杉謙信《うえすぎけんしん》に大軍で包囲されたときも、武田信玄《たけだしんげん》に攻《せ》められたときも、籠城戦《ろうじょうせん》（城《しろ》にこもって敵《てき》を消耗《しょうもう》させる戦法）で撃退《げきたい》に成功。氏政《うじまさ》は、小田原城《おだわらじょう》が難攻不落《なんこうふらく》であると、絶対《ぜったい》の自信をもつようになる。

氏政《うじまさ》は、関白《かんぱく》になった秀吉《ひでよし》から、何度も上洛《じょうらく》を要請《ようせい》される。しかし、これを拒絶《きょぜつ》し、秀吉《ひでよし》が発令した惣無事令《そうぶじれい》（大名間の私闘《しとう》を禁《きん》じる法令）も無視《むし》して、敵対《てきたい》する真田昌幸《さなだまさゆき》に合戦をしかけた。これを関白《かんぱく》への従属拒否《じゅうぞくきょひ》と判断《はんだん》した秀吉《ひでよし》は、すでに従属《じゅうぞく》を表明していた諸大名《しょだいみょう》によびかけて、大軍勢《だいぐんぜい》で相模《さがみ》に侵攻《しんこう》し、小田原城《おだわらじょう》を包囲した。

氏政《うじまさ》は、籠城《ろうじょう》か出撃《しゅつげき》かで苦悩《くのう》し、家臣《かしん》と評定《ひょうじょう》（会議）をかさねた。しかし、結論《けつろん》がでず、なしくずしに籠城《ろうじょう》になった。このことから、結論《けつろん》がでない会議は「小田原評定《おだわらひょうじょう》」とよばれるようになる。

結局、小田原城《おだわらじょう》を開城《かいじょう》して降伏《こうふく》した氏政《うじまさ》は、秀吉《ひでよし》の命《めい》で切腹《せっぷく》した。

竜神《りゅうじん》に由来する家紋《かもん》 天下取りをしめした旗印《はたじるし》

家紋《かもん》の三つ鱗《うろこ》は、別名で北条鱗《ほうじょううろこ》ともいう。鎌倉時代《かまくらじだい》の北条家《ほうじょうけ》のもので、北条時政《ほうじょうときまさ》が江ノ島《えのしま》の弁財天《べんざいてん》に祈願《きがん》したとき、竜《りゅう》があらわれて三つの鱗《うろこ》をおとしていったことから、この家紋《かもん》がつくられたという。

北条氏政《ほうじょううじまさ》と、父の氏康《うじやす》の旗印《はたじるし》のひとつに、五色段々《ごしきだんだん》というものがある。これは、領内《りょうない》の重要《じゅうよう》拠点《きょてん》にある五か所の城《しろ》を象徴《しょうちょう》し、同時に、天下をたばねるという意味をもっている。

織田信長《おだのぶなが》がもちいた「天下布武《てんかふぶ》」の印《いん》と同様に、北条氏《ほうじょうし》も、天下取りを意識《いしき》していた。

七《なな》つ片喰《かたばみ》

長宗我部元親《ちょうそかべもとちか》

生没年《せいぼつねん》 一五三九年～一五九九年

出身地《しゅっしんち》 土佐《とさ》（高知県《こうちけん》）

居城《きょじょう》 岡豊城《おこうじょう》（高知県《こうちけん》）

甲冑《かっちゅう》 不明

武器《ぶき》 飛竜丸《ひりゅうまる》

一代で四国《しこく》統一《とういつ》を達成
武勇《ぶゆう》すぐれた土佐《とさ》の大名

四国地方《しこくちほう》を制覇《せいは》した、土佐《とさ》の大名。豊臣秀吉《とよとみひでよし》の四国平定《しこくへいてい》により、土佐《とさ》一国に領地《りょうち》をへらされた。

長宗我部《ちょうそかべ》氏の歴史はふるく、もとは秦《しん》（中国《ちゅうごく》）の始皇帝《しこうてい》の子孫で、平安時代《へいあんじだい》末期に土佐《とさ》にうつりすんだともいわれる。十九代目の長宗我部兼序《ちょうそかべかねつぐ》が周囲の土豪《どごう》に攻《せ》められて自害し、その十年後に二十代目の国親《くにちか》が城《しろ》を奪還《だっかん》。元親《もとちか》は、一五六〇年に二十一代目当主となった。

元親《もとちか》は、土豪《どごう》たちに十五年かけて勝利し、土佐《とさ》を制圧《せいあつ》した。その後十年で、阿波《あわ》と讃岐《さぬき》を支配《しはい》する三好氏《みよしし》や、伊予《いよ》の西園寺氏《さいおんじし》や河野《こうの》氏《し》をやぶって、四国《しこく》を統一《とういつ》した。その間、織田信長《おだのぶなが》から臣従《しんじゅう》をせまられたが、これを拒否《きょひ》している。

本能寺《ほんのうじ》の変《へん》で信長《のぶなが》が死亡《しぼう》し、秀吉《ひでよし》が後継者《こうけいしゃ》に名のりをあげると、元親《もとちか》は、秀吉《ひでよし》に対抗《たいこう》する勢力《せいりょく》に味方した。賤ヶ岳《しずがたけ》の戦《たたか》いでは柴田勝家《しばたかついえ》につき、小牧《こまき》・長久手《ながくて》の戦《たたか》いでは徳川家康《とくがわいえやす》に加担《かたん》して、秀吉軍《ひでよしぐん》と刃《やいば》をまじえる。しかし、勢力《せいりょく》を拡大《かくだい》させた秀吉《ひでよし》が四国平定《しこくへいてい》を開始すると、元親《もとちか》は、抗戦《こうせん》をあきらめて降伏《こうふく》。秀吉《ひでよし》に領地《りょうち》の大半をうばわれ、土佐《とさ》一国の大名となった。

その後、秀吉《ひでよし》に従属《じゅうぞく》して各地を転戦するが、九州平定《きゅうしゅうへいてい》で息子の信親《のぶちか》が戦死し、覇気《はき》をなくす。のちに、四男の盛親《もりちか》を後継者《こうけいしゃ》に指名して家中を混乱《こんらん》させつつ、病死した。

元親《もとちか》の跡目《あとめ》をついだ盛親《もりちか》
長宗我部氏《ちょうそかべし》を滅亡《めつぼう》させる

飛竜丸《ひりゅうまる》は、平安時代《へいあんじだい》初期に活躍《かつやく》した刀工《とうこう》の、安綱《やすつな》がつくった刀。長宗我部家《ちょうそかべけ》に代々《だいだい》つたえられたもので、明治時代《めいじじだい》には軍人の東郷平八郎《とうごうへいはちろう》の手にもわたったが、現在《げんざい》では所在《しょざい》不明だという。

一五九九年、長宗我部元親《ちょうそかべもとちか》が病死し、四男の盛親《もりちか》が家督《かとく》をついだ。その翌年《よくとし》の関ヶ原《せきがはら》の戦《たたか》いで、盛親《もりちか》は西軍《せいぐん》に属《ぞく》するも、敗色濃厚《のうこう》と見て、たたかわずに帰国。しかし、徳川家康《とくがわいえやす》にすべての領地《りょうち》を没収《ぼっしゅう》され、浪人《ろうにん》となった。大坂《おおさか》の役《えき》では、長宗我部家再興《ちょうそかべけさいこう》をめざして豊臣方《とよとみがた》につくが、敗戦と同時に盛親《もりちか》もつかまり、処刑《しょけい》された。

対い鶴《むかいづる》

蒲生氏郷《がもううじさと》

生没年《せいぼつねん》　一五五六年～一五九五年

出身地《しゅっしんち》　近江《おうみ》（滋賀県《しがけん》）

居城《きょじょう》　鶴ヶ城《つるがじょう》（福島県《ふくしまけん》）

甲冑《かっちゅう》　鯰尾兜《なまずおのかぶと》

武器《ぶき》　会津正宗《あいづまさむね》

信長《のぶなが》と秀吉《ひでよし》が愛した才気
文《ぶん》武《ぶ》両道《りょうどう》のキリシタン大名

織田信長《おだのぶなが》につかえた武将《ぶしょう》で、豊臣秀吉《とよとみひでよし》の政権下《せいけんか》では九十二万石《ごく》の領地《りょうち》をえた、陸奥《むつ》の大名。キリスト教に帰依《きえ》したキリシタン大名で、洗礼名《せんれいめい》はレオンという。

蒲生氏郷《がもううじさと》は、織田信長《おだのぶなが》に降伏《こうふく》した武将《ぶしょう》の蒲生賢秀《がもうかたひで》の息子で、少年期に織田家《おだけ》の人質《ひとじち》になった。信長《のぶなが》は、利発な氏郷《うじさと》を気にいり、娘《むすめ》の冬姫《ふゆひめ》と結婚《けっこん》させる。本能寺《ほんのうじ》の変《へん》で信長《のぶなが》が死亡《しぼう》した際《さい》、父の賢秀《かたひで》は信《のぶ》長《なが》の妻子《さいし》をいちはやく保護《ほご》したことで、のちに名将《めいしょう》といわれた。

秀吉《ひでよし》の家臣《かしん》となった氏郷《うじさと》は、小《こ》牧《まき》・長久手《ながくて》の戦《たたか》いや九州平定《きゅうしゅうへいてい》などで活躍《かつやく》。このころ、キリスト教に帰依《きえ》したとされる。さらに、小田《おだ》原征伐《わらせいばつ》でも武勲《ぶくん》をあげ、一連の功《こう》績《せき》によって、秀吉《ひでよし》から陸奥《むつ》南部の会津《あいづ》に四十二万石《ごく》をあたえられて大名となった。氏郷《うじさと》は、伊達政宗《だてまさむね》が反乱《はんらん》をおこさぬようにらみをきかせつつ、東北地方《とうほくちほう》を平定《へいてい》。その功績《こうせき》によって、領地《りょうち》は九十二万石《ごく》に加増《かぞう》される。

氏郷《うじさと》は、会津《あいづ》の商業発展《はってん》に注力し、領民《りょうみん》や家臣《かしん》からしたわれた。また、教会をたてて、領民《りょうみん》にキリスト教への改宗《かいしゅう》をすすめたという。文化への造詣《ぞうけい》もふかく、茶人の千《せんの》利休《りきゅう》から「文武《ぶんぶ》ともにひいでた、日本で一、二の大将《たいしょう》」と絶賛《ぜっさん》される。晩年《ばんねん》、病気をわずらい、おしまれながらこの世をさった。

奇抜《きばつ》な兜《かぶと》は南部家《なんぶけ》への贈物《おくりもの》
合戦では銀の兜《かぶと》を着用

鯰尾兜《なまずおのかぶと》（岩手県立博物館蔵《いわてけんりつはくぶつかんぞう》）は、蒲生氏郷《がもううじさと》の妹が南部利直《なんぶとしなお》にとつぐ際《さい》に、引《ひ》き出物《でもの》として持参したもの。鯰《なまず》尾《お》という名で南部家《なんぶけ》につたわるが、ツバメの尾のような形状《けいじょう》から、燕尾形兜《えんびなりかぶと》ともよばれている。

古い書物には、氏郷《うじさと》が、銀色の鯰尾兜《なまずおのかぶと》を着用して合戦にのぞんだとある。先陣《せんじん》をきって奮戦《ふんせん》する氏郷《うじさと》は、その兜《かぶと》でひときわめだっていたという。

会津正宗《あいづまさむね》（皇室御物《こうしつぎょぶつ》）は、会津《あいづ》の発展《はってん》に注力した氏郷《うじさと》が所有したことで、その名がついた。

竹《たけ》に雀《すずめ》

伊達《だて》政宗《まさむね》

生没年《せいぼつねん》　一五六七年～一六三六年

出身地《しゅっしんち》　出羽《でわ》（山形県《やまがたけん》）

居城《きょじょう》　米沢城《よねざわじょう》（山形県《やまがたけん》）、仙台城《せんだいじょう》（宮城県《みやぎけん》）

甲冑《かっちゅう》　黒漆五枚胴具足《くろうるしごまいどうぐそく》

武器《ぶき》　燭台切光忠《しょくだいきりみつただ》

東北地方《とうほくちほう》の覇権《はけん》をにぎり天下取りを夢見《ゆめみ》た「独眼竜《どくがんりゅう》」

　東北《とうほく》地方《ちほう》南部を制覇《せいは》して一大勢《いちだいせい》力《りょく》をきずいた、出羽《でわ》の大名。江戸《えど》時代《じだい》に仙台藩《せんだいはん》をひらき繁栄《はんえい》させた。伊達政宗《だてまさむね》は、鎌倉時代《かまくらじだい》初期からつづく伊達家《だてけ》の十七代当主である。幼少時《ようしょうじ》の病気で右目の視力《しりょく》をうしなうが、家臣《かしん》の片倉小十郎《かたくらこじゅうろう》の指導《しどう》によって強靭《きょうじん》な武将《ぶしょう》へと成長し、のちに「独眼竜《どくがんりゅう》」とよばれた。

　隣国《りんごく》に列強がひしめくなか、政宗《まさむね》は、権勢《けんせい》におとる伊達氏《だてし》をもりたてて、積極的に合戦をしかける。畠山氏《はたけやまし》、蘆名氏《あしなし》、二階堂氏《にかいどうし》といった強豪《きょうごう》にいどんで勝利し、東北地《とうほくち》方《ほう》南部の広範囲《こうはんい》を支配下《しはいか》においた。

　政宗《まさむね》は、秀吉《ひでよし》から小田原征伐《おだわらせいばつ》への参加を要請《ようせい》されるが、北条氏《ほうじょうし》と同盟《どうめい》していたため苦悩《くのう》し、さらに家中での混乱《こんらん》もかさなって、参陣《さんじん》におくれる。秀吉《ひでよし》は激怒《げきど》したが、政宗《まさむね》が白装束《しろしょうぞく》をきて決死の覚悟《かくご》をしめしながら服従《ふくじゅう》をちかったため、一部の領地没収《りょうちぼっしゅう》でゆるされた。しかし、その後も秀吉《ひでよし》からの警戒《けいかい》はつづき、たびたび謀叛《むほん》のうたがいをかけられた。

　秀吉《ひでよし》の死後、関ヶ原《せきがはら》の戦《たたか》いでは徳川家康《とくがわいえやす》に加勢《かせい》。戦後、仙台《せんだい》に六十二万石《ごく》をあたえられ、仙台城《せんだいじょう》をきずいて領内《りょうない》を繁栄《はんえい》させた。また、家臣《かしん》の支倉常長《はせくらつねなが》をローマ教皇《きょうこう》のもとへ派遣《はけん》するなど、文化事業にも注力する。その後、三代将軍《しょうぐん》の家《いえ》光《みつ》の時代に、病気で世をさった。

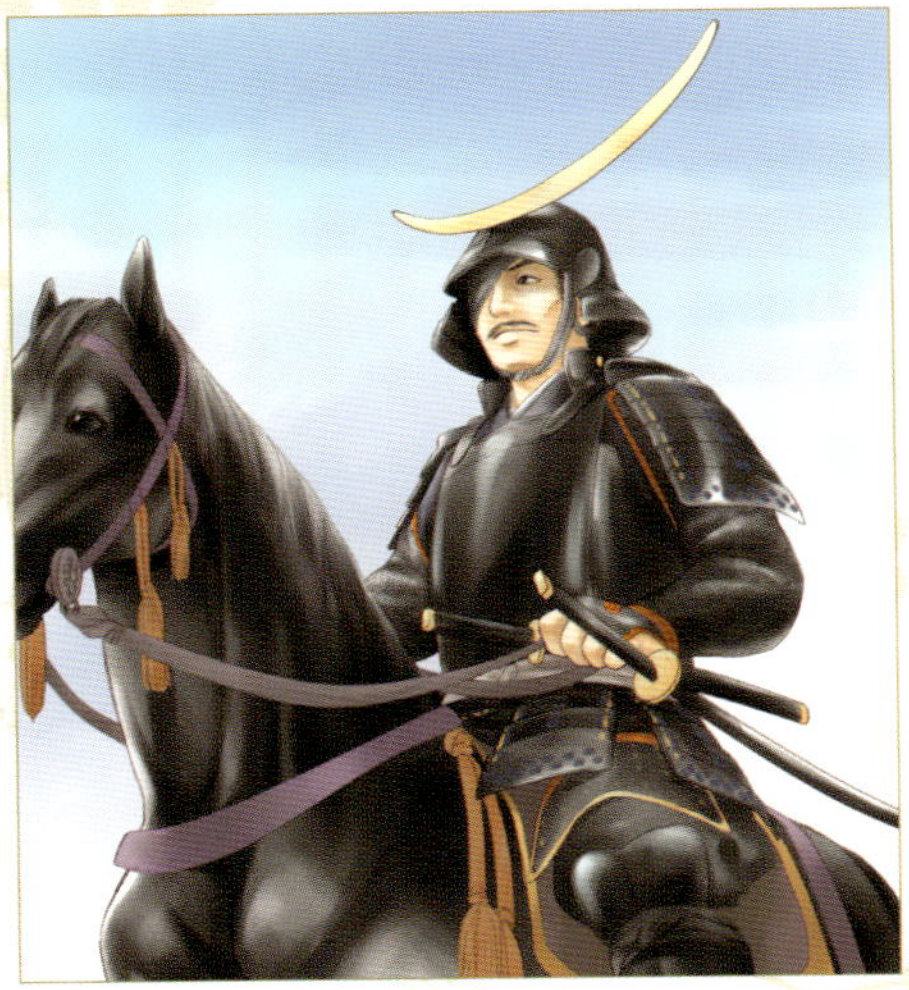

美しさと実用性《じつようせい》を両立　政宗《まさむね》が着用した重厚《じゅうこう》な具足《ぐそく》

　伊達政宗《だてまさむね》の黒漆《くろうるし》五枚胴具足《ごまいどうぐそく》（仙台市博物館《せんだいしはくぶつかん》蔵《ぞう》）は、兜《かぶと》の前立《まえだて》にほどこされた金色の細い月が特徴的《とくちょうてき》である。胴《どう》は、漆《うるし》をぬった五枚《まい》の厚《あつ》い鉄板製《てっぱんせい》で、鉄砲《てっぽう》の防弾《ぼうだん》を想定した実戦的なつくりとなっている。家臣《かしん》たちもこの形式の甲冑《かっちゅう》を着用したことから、「仙台胴《せんだいどう》」ともよばれる。

　燭台切光忠《しょくだいきりみつただ》（徳川《とくがわ》ミュージアム蔵《ぞう》）は、政宗《まさむね》が、燭台《しょくだい》の燭台《しょくだい》にかくれた罪人《ざいにん》を、銅《どう》（または鉄）もろとも斬《き》ったという逸話《いつわ》をもつ。関東大震災《かんとうだいしんさい》で焼失したとされていたが、二〇一五年に再発《さいはつ》見《けん》された。

九曜《くよう》

片倉小十郎《かたくらこじゅうろう》

生没年《せいぼつねん》　一五五七年～一六一五年

出身地《しゅっしんち》　出羽《でわ》（山形県《やまがたけん》）

居《きょ》城《じょう》　白石城《しろいしじょう》（宮城県《みやぎけん》）

甲冑《かっちゅう》　不明

武器《ぶき》　立割真守《たてわりさねもり》

伊達《だて》家《け》のために尽力《じんりょく》し 政宗《まさむね》をみちびいた智将《ちしょう》

伊達政宗《だてまさむね》の重臣《じゅうしん》で、すぐれた智《ち》勇《ゆう》で政宗《まさむね》をみちびいた武将《ぶしょう》。小十《こじゅう》郎《ろう》の名は通称《つうしょう》で、本名は景綱《かげつな》。

片倉小十郎《かたくらこじゅうろう》は、出羽《でわ》の神主《かんぬし》の息子にうまれ、少年期に伊達《だて》家当主の輝宗《てるむね》に才覚を見いだされて仕官《しかん》し、のちに、おさない政宗《まさむね》の養育係に抜擢《ばってき》された。あるとき、右目を失明した政宗《まさむね》から、「腫《は》れあがった右目をえぐりとってほしい」とたのまれ、小十郎《こじゅうろう》は、切腹《せっぷく》の覚悟《かくご》をもって遂行《すいこう》したとされる。

政宗《まさむね》が家督《かとく》をつぎ、伊達《だて》家の重《じゅう》臣《しん》となった小十郎《こじゅうろう》は、的確《てきかく》な助言で数々《かずかず》の合戦を勝利にみちびき、政宗《まさむね》を東北一の大名におしあげた。豊臣秀吉《とよとみひでよし》から小田原征伐《おだわらせいばつ》への参加を要請《ようせい》されたときは、まよう政宗《まさむね》に対し、参陣《さんじん》を説得したという。

小十郎《こじゅうろう》の智勇《ちゆう》は、時の有力者からも一目おかれた。秀吉《ひでよし》は、大名にとりたてるとさそったが、政宗《まさむね》への忠義《ちゅうぎ》から、これを固辞《こじ》した。また、徳川家康《とくがわいえやす》は、みずから一国《いっこく》一城令《いちじょうれい》（一国につき大名の一城《いちじょう》以外は廃城《はいじょう》させる法令）をだしたにもかかわらず、白石城《しろいしじょう》一万三千石《ごく》をあたえている。小十郎《こじゅうろう》は、ここを居城《きょじょう》として政宗《まさむね》を補佐《ほさ》しつつ、のちに病気で世をさった。

息子の重長《しげなが》も、通称《つうしょう》を小十郎《こじゅうろう》という。重長《しげなが》は、大坂《おおさか》の役《えき》で後藤又《ごとうまた》兵衛《べえ》や真田信繁《さなだのぶしげ》と激戦《げきせん》をかわし、「鬼《おに》の小十郎《こじゅうろう》」とよばれた。

父も息子も「小十郎《こじゅうろう》」 息子の重長《しげなが》も戦場で大活躍《だいかつやく》

片倉家《かたくらけ》では、初代景綱以降《かげつないこう》、当主の通称《つうしょう》を小《こ》十郎《じゅうろう》とした。息子の重長《しげなが》は、大坂《おおさか》の役《えき》の活躍《かつやく》から「鬼《おに》の小十郎《こじゅうろう》」の異名《いみょう》をもつ。重長《しげなが》の兜《かぶと》には、愛宕神社《あたごじんじゃ》のお札《ふだ》をかたどった前立《まえだて》がある。

重長《しげなが》は、大坂夏《おおさかなつ》の陣《じん》の直前に、敵将《てきしょう》である真《さな》田信繁《だのぶしげ》の娘《むすめ》の於梅《おうめ》ほか数名を、ひそかに保護《ほご》した。一説には、信繁《のぶしげ》が、大坂冬《おおさかふゆ》の陣《じん》での重長《しげなが》の活躍《かつやく》を見て、この武将《ぶしょう》ならばと見こんでたくしたという。於梅《おうめ》は、のちに重長《しげなが》の妻《つま》となった。

立割真守《たてわりさねもり》は、伊達政宗《だてまさむね》が景綱《かげつな》にさずけ、以降《いこう》は片倉家《かたくらけ》の家宝《かほう》とされたが、現在《げんざい》では所在《しょざい》不明。

五本骨日《ごほんぼねひ》の丸扇《まるおうぎ》

佐《さ》竹《たけ》義《よし》重《しげ》

生没年《せいぼつねん》 一五四七年〜一六一二年

出身地《しゅっしんち》 常陸《ひたち》（茨城県《いばらきけん》）

居城《きょじょう》 太田城《おおたじょう》（茨城県《いばらきけん》）

甲冑《かっちゅう》 黒塗紺糸威具足《くろぬりこんいとおどしぐそく》

武器《ぶき》 八文字長義《はちもんじながよし》

「鬼義重《おによししげ》」の異名《いみょう》をもつ北関東《きたかんとう》を支配《しはい》した大名

北条氏政《ほうじょううじまさ》や伊達政宗《だてまさむね》とはげしく勢力《せいりょく》をあらそい、「鬼義重《おによししげ》」とよばれた、常陸《ひたち》の大名。

佐竹義重《さたけよししげ》は、源氏《げんじ》のながれをくむ名門佐竹家《さたけけ》のうまれだが、十八代当主の座《ざ》についたころは、小国の領主《りょうしゅ》にすぎなかった。そこで義《よし》重《しげ》は、周辺の土豪《どごう》を攻《せ》めて領地《りょうち》をひろげ、常陸《ひたち》の大半を支配《しはい》した。

躍進《やくしん》をとげた義重《よししげ》は、関東《かんとう》一帯の支配《しはい》をもくろむ北条氏政《ほうじょううじまさ》から敵《てき》対視《たいし》され、たびたび合戦をしかけられた。義重《よししげ》は、みずから敵兵《てきへい》のただなかに斬《き》りこむほどの猛将《もうしょう》で、七人の敵兵《てきへい》を一瞬《いっしゅん》でたおしたこともあり、北条軍《ほうじょうぐん》から「鬼義重《おによししげ》」とよばれておそれられたという。のちに、北条氏《ほうじょうし》が会津《あいづ》の蘆名氏《あしなし》と手をくんで攻勢《こうせい》を強めるが、蘆名氏《あしなし》は、当主の急死があいついで衰退《すいたい》。義重《よししげ》は、その窮地《きゅうち》をのがれた。

そのころ、陸奥《むつ》では伊達政宗《だてまさむね》が急速に勢力《せいりょく》を拡大《かくだい》させていた。そこで義重《よししげ》は、先日まで敵《てき》であった蘆名氏《あしなし》と手をくみ、北上して伊達《だて》軍《ぐん》を攻撃《こうげき》。さらに、陸奥《むつ》の諸大名《しょだいみょう》と連合して決戦をいどむも、伊達《だて》軍《ぐん》に反撃《はんげき》されて大敗をきっした。佐竹家滅亡《さたけけめつぼう》の危機《きき》にたたされた義《よし》重《しげ》は、豊臣秀吉《とよとみひでよし》への臣従《しんじゅう》をきめ、秀吉《ひでよし》から常陸《ひたち》の領地《りょうち》を承認《しょうにん》される。

義重《よししげ》は、関ヶ原《せきがはら》の戦《たたか》いには参戦せず、出羽秋田《でわあきた》（現在《げんざい》の秋田県《あきたけん》）に国替《くにが》えされ、その地で没《ぼっ》した。

毛虫をかたどる独特《どくとく》な兜《かぶと》 刀名がかたる猛将《もうしょう》の証《あかし》

黒塗紺糸威具足《くろぬりこんいとおどしぐそく》（秋田市立佐竹史料館蔵《あきたしりつさたけしりょうかんぞう》）の兜《かぶと》には、毛虫をかたどった前立《まえだて》と、黒い羽毛の脇立《わきだて》がほどこされている。前立《まえだて》のデザインは、けっして後退《こうたい》しないという毛虫の習性《しゅうせい》にあやかったもの。佐竹義重《さたけよししげ》の息子、義宣《よしのぶ》の兜《かぶと》にも、大きな毛虫の前立《まえだて》がついている。

八文字長義《はちもんじながよし》（個人蔵《こじんぞう》）は、義重《よししげ》の愛刀。北条《ほうじょう》氏《し》との合戦で、義重《よししげ》が敵《てき》の騎馬武者《きばむしゃ》を頭から斬《き》りおろし、兜《かぶと》ごと敵《てき》の体が真っ二つにわれて、馬の左右に八文字形《はちもんじがた》にころがったという。その逸話《いつわ》が刀の名になった。

丸《まる》に二引両《にひきりょう》

最上義光《もがみよしあき》

生没年《せいぼつねん》　一五四六年～一六一四年

出身地《しゅっしんち》　出羽《でわ》（山形県《やまがたけん》）

居城《きょじょう》　山形城《やまがたじょう》（山形県《やまがたけん》）

甲冑《かっちゅう》　三十八間総覆輪筋兜
さんじゅうはちけんそうふくりんすじかぶと

武器《ぶき》　(刀)鬼切丸
おにきりまる

※イラストで右手にもっているのは指揮棒《しきぼう》です。

幾多《いくた》の困難《こんなん》をのりこえ出羽南部《でわなんぶ》を獲得《かくとく》した「虎将《こしょう》」

家中の混乱《こんらん》や隣国《りんごく》とのあらそいをのりこえて、出羽《でわ》の南部に勢力《せいりょく》をひろげ、江戸時代《えどじだい》に山形藩《やまがたはん》をひらいた大名。「虎将《こしょう》」の異名《いみょう》をもつ。伊達政宗《だてまさむね》の伯父《おじ》にあたる。

最上義光《もがみよしあき》は、将軍家《しょうぐんけ》の一族である斯波氏《しばし》のながれをくむ最上氏《もがみし》の子孫で、弟の義時《よしとき》とはげしく家督《かとく》をあらそったのちに、十一代当主となった。その後も義時《よしとき》が反乱《はんらん》したため、加担《かたん》した家臣《かしん》ともども討《う》ちはたしている。

そのころの最上氏《もがみし》は、小国の領《りょう》主《しゅ》にすぎなかった。義光《よしあき》は、伊達《だて》家《け》にとついだ妹の義姫《よしひめ》と頻繁《ひんぱん》に連《れん》絡《らく》をとり、ともすれば敵対《てきたい》しがちな伊達氏《だてし》との関係改善《かんけいかいぜん》をはかりつつ、周辺の土豪《どごう》を攻《せ》めて、山形《やまがた》一帯を支配下《しはいか》においた。義姫《よしひめ》の息子であり伊達家《だてけ》をついだ政宗《まさむね》からも攻《せ》めこまれたが、義姫《よしひめ》の仲介《ちゅうかい》によって停戦にこぎつけた。

一五九〇年、時勢《じせい》をよんだ義光《よしあき》は、豊臣秀吉《とよとみひでよし》に従属《じゅうぞく》して、出羽《でわ》の南部の二十四万石《ごく》を承認《しょうにん》された。しかし、豊臣秀次《とよとみひでつぐ》の側室《そくしつ》にだした最愛の娘《むすめ》、駒姫《こまひめ》が、謀叛《むほん》の嫌疑《けんぎ》がかかった秀次《ひでつぐ》とともに処刑《しょけい》される。

そのこともあって、一六〇〇年の関ヶ原《せきがはら》の戦《たたか》いでは、徳川家康《とくがわいえやす》の東《とう》軍《ぐん》に加勢《かせい》。西軍《せいぐん》の上杉氏《うえすぎし》と出羽《でわ》で交戦し、戦後、領地《りょうち》を五十七万石《ごく》に加増《かぞう》された。義光《よしあき》は、その地に山形藩《やまがたはん》をひらき、病没《びょうぼつ》した。

鉄製《てっせい》の指揮棒《しきぼう》を愛用 義光《よしあき》の怪力《かいりき》をものがたる

三十八間総覆輪筋兜《さんじゅうはちけんそうふくりんすじかぶと》（最上義光歴史館蔵《もがみよしあきれきしかんぞう》）は、三鍬形《みつくわがた》の前立《まえだて》がほどこされている。鬼切丸《おにきりまる》（北野天満宮蔵《きたのてんまんぐうぞう》）は、最上家《もがみけ》伝来の宝《ほう》刀《とう》で、平安時代《へいあんじだい》の武将《ぶしょう》の渡辺綱《わたなべのつな》が、美女に化けた鬼《おに》の腕《うで》を斬《き》りおとしたという伝説をもつ。

最上義光《もがみよしあき》が戦場で愛用した鉄製《てっせい》の指揮棒《しきぼう》も、現在《げんざい》につたわる。太刀《たち》二本分もの重量があり、棒身《ぼうしん》には「清和天皇末葉山形出羽守有髪僧義光」とほられている。これは、「山形《やまがた》の出羽守《でわのかみ》義光《よしあき》は、清和天皇《せいわてんのう》の末裔《まつえい》で、髪《かみ》のある僧《そう》である」という意味をもつ。

津軽牡丹《つがるぼたん》

津《つ》軽《がる》為《ため》信《のぶ》

生没年《せいぼつねん》 一五五〇年～一六〇七年

出身地《しゅっしんち》 陸奥《むつ》（青森県《あおもりけん》）

居城《きょじょう》 堀越城《ほりこしじょう》（青森県《あおもりけん》）

甲冑《かっちゅう》 不明

武器《ぶき》 鐙切り《あぶみきり》

津軽《つがる》地方《ちほう》に勢力《せいりょく》をひろげ弘前藩《ひろさきはん》をひらいた「髭殿《ひげどの》」

南部氏《なんぶし》から独立《どくりつ》して津軽地方《つがるちほう》を統一《とういつ》した、陸奥《むつ》北西部の大名。長いあご髭《ひげ》から「髭殿《ひげどの》」とよばれる。江戸時代《えどじだい》に弘前藩《ひろさきはん》をひらいた。

津軽為信《つがるためのぶ》は、もとは大浦為信《おおうらためのぶ》という名前だった。大浦氏《おおうらし》は、陸奥《むつ》北部にひろい勢力《せいりょく》をもつ南部氏《なんぶし》の支配下《しはいか》にあり、為信《ためのぶ》が当主になったときも、陸奥《むつ》北西部に小さな領地《りょうち》をもつのみだった。為信《ためのぶ》は、南部氏《なんぶし》からの独立《どくりつ》をきめて、南部家《なんぶけ》の一族の石川高信《いしかわたかのぶ》が守る石川城《いしかわじょう》を攻《せ》めおとす。以降《いこう》、南部氏《なんぶし》や周辺の有力武将《ぶしょう》とはげしく抗争《こうそう》しながら勢力《せいりょく》をひろげていき、十七年かけて津軽地方《つがるちほう》を統一《とういつ》した。

為信《ためのぶ》は、時の有力者の豊臣秀吉《とよとみひでよし》に、はやくから特産品などをおくって接近《せっきん》していた。小田原征伐《おだわらせいばつ》では、東北地方《とうほくちほう》の諸将《しょしょう》に先んじて、豊臣方《とよとみがた》に参陣《さんじん》。その功績《こうせき》により、津軽地方《つがるちほう》の四万五千石《ごく》を領地《りょうち》とすることをみとめられ、名前も「津軽《つがる》」とあらためた。

秀吉《ひでよし》が病没《びょうぼつ》し、徳川家康《とくがわいえやす》が台頭《たいとう》すると、為信《ためのぶ》は、関ヶ原《せきがはら》の戦《たたか》いで奇策《きさく》にでる。自身は徳川方《とくがわがた》の東軍《とうぐん》につき、息子の信建《のぶたけ》を西軍《せいぐん》に味方させて、どちらが勝利しても津軽家《つがるけ》が存続《そんぞく》できるようにしたのだ。結果、家康《いえやす》に魂胆《こんたん》を見すかされて二千石《ごく》の加増《かぞう》にとどまったものの、津軽家《つがるけ》は存続《そんぞく》。為信《ためのぶ》は、江戸時代《えどじだい》に弘前藩《ひろさきはん》をひらき、病没《びょうぼつ》した。

石田三成《いしだみつなり》へのふかい恩義《おんぎ》 ふたりの遺児《いじ》を庇護《ひご》する

鐙切《あぶみき》りは、津軽為信《つがるためのぶ》の養父、大浦為則《おおうらためのり》が所用した刀。為則《ためのり》が騎乗《きじょう》しながらこの刀をふった際《さい》、いきおいあまって鐙《あぶみ》（騎乗《きじょう》するときに足をかける馬具《ばぐ》）を切り、さらに自分の足も斬《き》ってしまったという。刀は、のちに落雷《らくらい》で焼失した。

為信《ためのぶ》は、津軽氏《つがるし》と豊臣氏《とよとみし》との仲介役《ちゅうかいやく》をしてくれた石田三成《いしだみつなり》に、ふかい恩義《おんぎ》をいだいていた。関ヶ原《せきがはら》の戦《たたか》いのあと、息子の信建《のぶたけ》が、三成《みつなり》の次男の石田重成《いしだしげなり》と、その妹の辰姫《たつひめ》を津軽《つがる》につれかえってきた。為信《ためのぶ》は、ひそかにふたりをかくまって厚遇《こうぐう》し、三成《みつなり》への恩返《おんがえ》しをはたした。

対《む》い鶴《かづる》に九曜《くよう》

南部信直《なんぶのぶなお》

生没年《せいぼつねん》　一五四六年〜一五九九年

出身地《しゅっしんち》　陸奥《むつ》（岩手県《いわてけん》）

居城《きょじょう》　三戸城《さんのへじょう》（岩手県《いわてけん》）

甲冑《かっちゅう》　不明

武器《ぶき》　不明

名門南部家《なんぶけ》の二十六代目 あいつぐ反乱《はんらん》と対峙《たいじ》した大名

現在《げんざい》の岩手県《いわてけん》北部から青森県《あおもりけん》東部の広範囲《こうはんい》を支配《しはい》した、陸奥《むつ》の大名。江戸時代《えどじだい》にひらかれた盛岡藩《もりおかはん》の基礎《きそ》をきずいた。

南部信直《なんぶのぶなお》は、平安時代《へいあんじだい》からつづく名門南部氏《なんぶし》の一族の、石川高信《いしかわたかのぶ》の息子にうまれた。南部氏《なんぶし》には配下の内乱《ないらん》がたえず、父の高信《たかのぶ》は、津軽地方《つがるちほう》で独立《どくりつ》をめざして決起した津軽為信《つがるためのぶ》に殺されてしまう。南部家《なんぶけ》の養子になった信直《のぶなお》が、二十六代当主につく前後も、後継《こうけい》者《しゃ》をめぐって家中が混乱《こんらん》していた。

信直《のぶなお》は、あれた南部家《なんぶけ》のたてなおしに尽力《じんりょく》する。有力な土豪《どごう》の斯波《しば》氏《し》を討ちほろぼして内外に力をしめしつつ、豊臣秀吉《とよとみひでよし》に接近《せっきん》して、津軽為信《つがるためのぶ》にうばわれた津軽地方《つがるちほう》の返還《へんかん》をねがいでた。秀吉《ひでよし》は、津軽《つがる》地方《ちほう》の返還《へんかん》はしりぞけたものの、南部氏《なんぶし》への協力を約束する。その後、南部氏《なんぶし》の一族である九戸政実《くのへまさざね》が反乱《はんらん》をおこしたときには、秀吉《ひでよし》から援軍《えんぐん》がおくられ、反乱《はんらん》の鎮圧《ちんあつ》に成功している。

秀吉《ひでよし》の死後、時流をよんだ信直《のぶなお》は、徳川家康《とくがわいえやす》に接近《せっきん》して信頼《しんらい》を獲《かく》得《とく》し、許可《きょか》をえて盛岡城《もりおかじょう》の築城《ちくじょう》を開始する。一五九九年、本拠《ほんきょ》を盛《もり》岡城《おかじょう》にうつし、内政《ないせい》に力をそそぎつつ、病没《びょうぼつ》した。

当主の座《ざ》をついだ息子の利直《としなお》は、関ヶ原《せきがはら》の戦《たたか》いで東軍《とうぐん》について奮戦《ふんせん》。江戸時代《えどじだい》に盛岡藩《もりおかはん》をひらいた。

先代当主の不審《ふしん》な死 南部家《なんぶけ》にうごめく陰謀説《いんぼうせつ》

南部家《なんぶけ》二十四代当主、南部晴政《なんぶはるまさ》は、跡取《あとと》りとなる息子がいなかったため、石川家《いしかわけ》から信直《のぶなお》を養子にとった。しかし、その五年後、晴政《はるまさ》に実子の晴継《はるつぐ》が誕生《たんじょう》する。信直《のぶなお》は、跡取《あとと》りとなることをみずから辞退《じたい》し、居城《きょじょう》にこもった。

数年後、晴政《はるまさ》が病死し、まだ若《わか》い晴継《はるつぐ》が二十五代当主となる。しかし、その直後に、晴継《はるつぐ》は命をおとした。死因《しいん》は、病死とも、暴漢《ぼうかん》による他殺ともいわれる。

そして信直《のぶなお》は、二十六代当主となった。晴継《はるつぐ》の死には、犯人《はんにん》を信直《のぶなお》とする陰謀説《いんぼうせつ》もある。

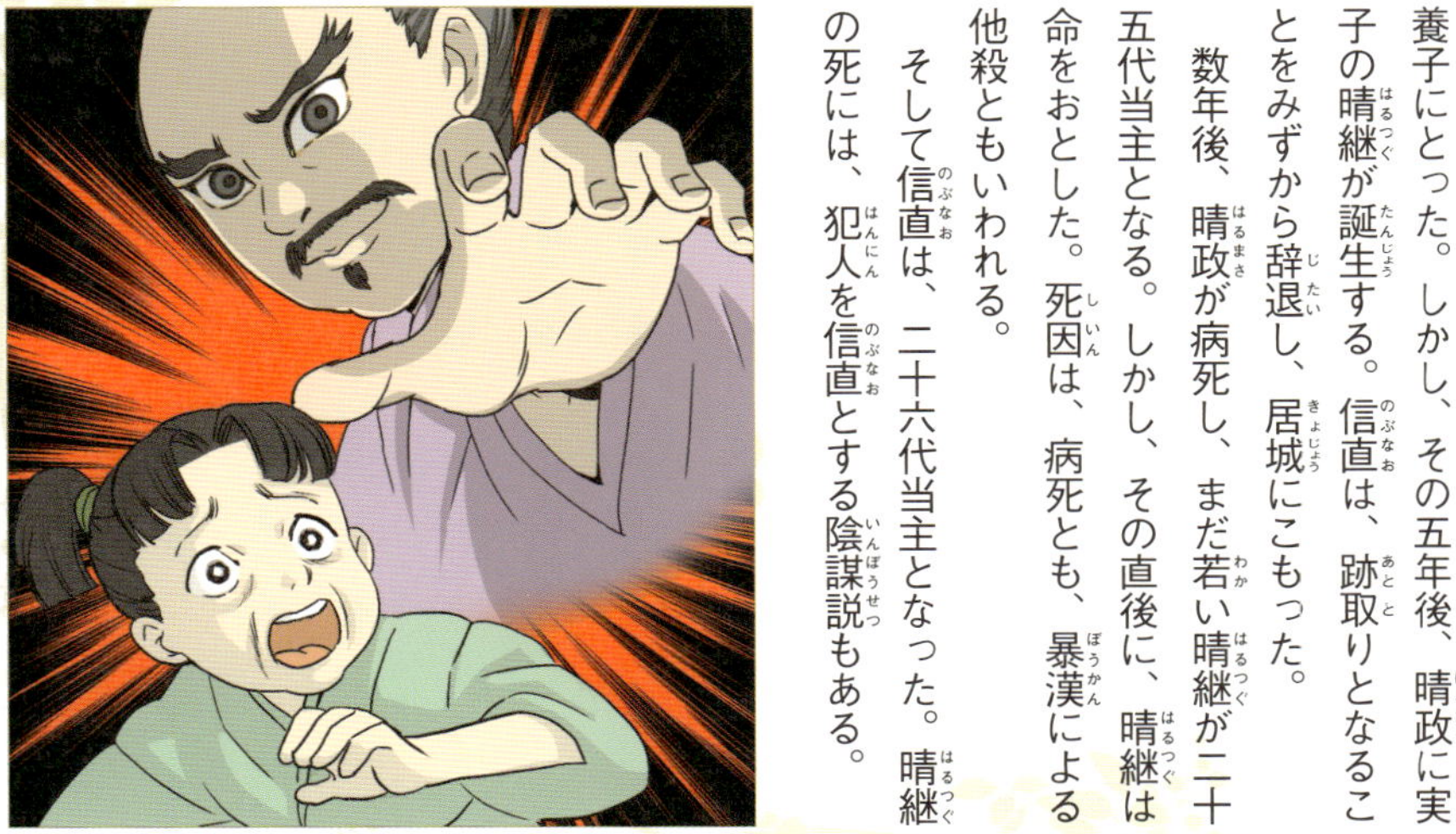

轡十字《くつわじゅうじ》

島津義久《しまづよしひさ》

生没年《せいぼつねん》 一五三三年〜一六一一年

出身地《しゅっしんち》 薩摩《さつま》（鹿児島県《かごしまけん》）

居城《きょじょう》 国分城《こくぶじょう》（鹿児島県《かごしまけん》）

甲冑《かっちゅう》 不明

武器《ぶき》 鷹の巣宗近《たかのすむねちか》

九州《きゅうしゅう》全域《ぜんいき》を席巻《せっけん》した 統率力《とうそつりょく》きわだつ薩摩《さつま》の大名

大友《おおとも》氏《し》や龍造寺《りゅうぞうじ》氏《し》など有力大名を撃破《げきは》し、九州《きゅうしゅう》のほぼ全域《ぜんいき》に勢力《せいりょく》をのばした、薩摩《さつま》の大名。弟の義《よし》弘《ひろ》、歳久《としひさ》、家久《いえひさ》はみな名将《めいしょう》で、あわせて「島津四兄弟《しまづよんきょうだい》」とよばれる。

島津義久《しまづよしひさ》は、薩摩《さつま》に勢力《せいりょく》をもつ島津《しまづ》家《け》の十六代目で、幼少時《ようしょうじ》からおちつきがあり、祖父《そふ》の忠良《ただよし》から「総大将《そうだいしょう》の材徳《ざいとく》あり」といわれた。当主の座《ざ》についた義久《よしひさ》は、一族や家臣団《かしんだん》をみごとに統率《とうそつ》しつつ、勢《せい》力拡大《りょくかくだい》をおしすすめる。自身は国《くに》元《もと》で作戦を指揮《しき》し、武勇《ぶゆう》にすぐれた弟たちを遠征《えんせい》させるという体制《たいせい》で、まずは薩摩《さつま》、大隅《おおすみ》、日向《ひゅうが》の三国を平定《へいてい》。さらに、豊後《ぶんご》の大友《おおとも》氏《し》を耳川《みみかわ》の戦《たたか》いで撃破《げきは》し、肥前《ひぜん》の龍《りゅう》造寺《ぞうじ》氏《し》を沖田畷《おきたなわて》の戦《たたか》いで討《う》ちはたして、豊前《ぶぜん》と筑前《ちくぜん》をのぞく九州《きゅうしゅう》の大部分を獲得《かくとく》した。

しかし、天下統一《てんかとういつ》をめざす豊臣《とよとみ》秀吉《ひでよし》が、九州平定《きゅうしゅうへいてい》を開始する。抗《こう》戦《せん》をきめた義久《よしひさ》は、一度目は撃退《げきたい》に成功したが、二度目の合戦で敗北し、降伏《こうふく》する。その結果、九州《きゅうしゅう》中北部の広大な領地《りょうち》を没収《ぼっしゅう》された。

義久《よしひさ》は、弟の義弘《よしひろ》に家督《かとく》をゆずって隠退《いんたい》したが、関ヶ原《せきがはら》の戦《たたか》いで義弘《よしひろ》が西軍《せいぐん》に味方し、徳川家康《とくがわいえやす》の怒《いか》りをかってしまう。すると義《よし》久《ひさ》は、義弘《よしひろ》個人《こじん》の行動と主張《しゅちょう》して講和《こうわ》をはかり、処罰《しょばつ》を回避《かいひ》させた。

晩年《ばんねん》、義久《よしひさ》は、薩摩藩《さつまはん》の開藩《かいはん》を見とどけつつ、病没《びょうぼつ》した。

秀吉《ひでよし》からあたえられた短刀 家康《いえやす》は義久《よしひさ》に興味津々《きょうみしんしん》

鷹《たか》の巣宗近《すむねちか》は、九州平定《きゅうしゅうへいてい》で島津義久《しまづよしひさ》が降伏《こうふく》した際《さい》、豊臣秀吉《とよとみひでよし》からあたえられた短刀。髪《かみ》をそり、刀もはずして降伏《こうふく》の意をしめす義久《よしひさ》に、秀《ひで》吉《よし》は「腰《こし》まわりがさびしかろう」といい、身につけていたこの短刀と、さらに太刀《たち》をわたした。以後、島津《しまづ》家《け》に伝来したが、太平洋戦争《たいへいようせんそう》で焼失。

秀吉《ひでよし》に薩摩《さつま》の領地《りょうち》を承認《しょうにん》されたのち、義久《よしひさ》は、徳川家康《とくがわいえやす》にまねかれ、合戦での手柄話《てがらばなし》をせがまれた。義久《よしひさ》は、「弟や家臣《かしん》が奮闘《ふんとう》しただけで、自分はなにもしていない」とこたえると、家康《いえやす》は「それこそ大将《たいしょう》の鑑《かがみ》」と感心したという。

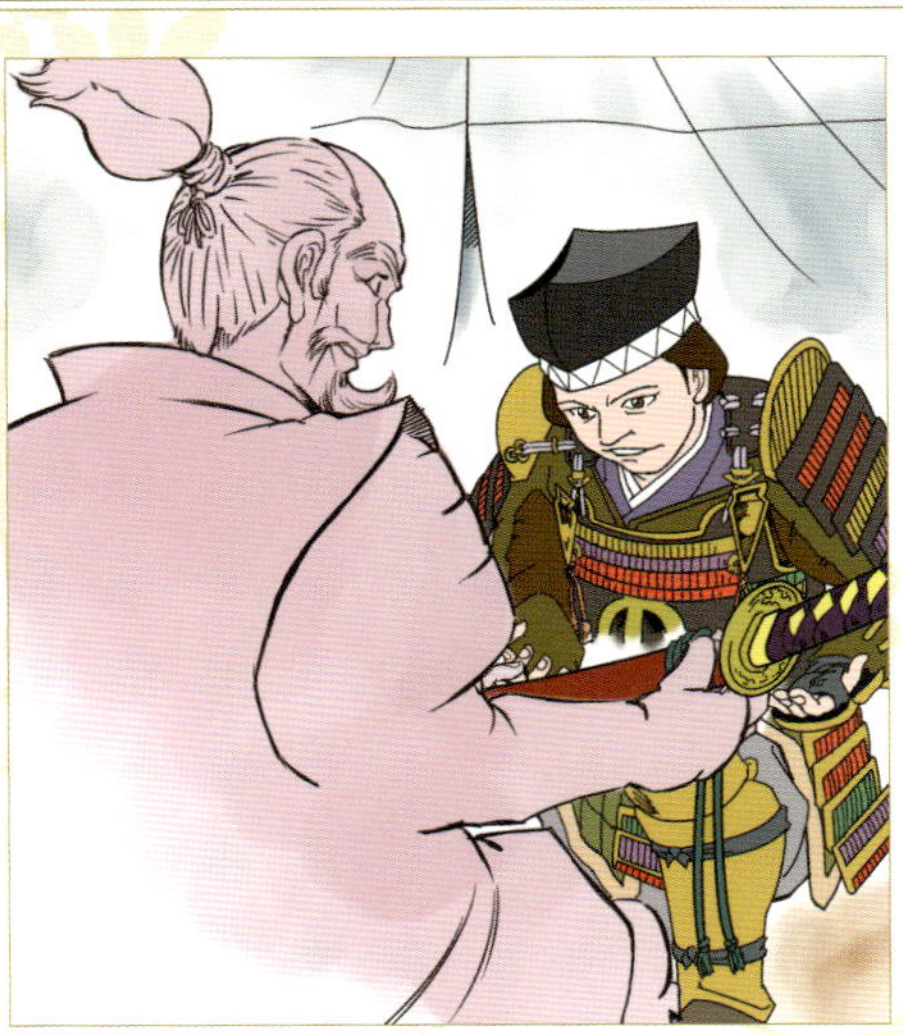

轡十字《くつわじゅうじ》

島津義弘《しまづよしひろ》

生没年《せいぼつねん》 一五三五年〜一六一九年

出身地《しゅっしんち》 薩摩《さつま》（鹿児島県《かごしまけん》）

居城《きょじょう》 大隅平松城《おおすみひらまつじょう》（鹿児島県《かごしまけん》）

甲冑《かっちゅう》 不明

武器《ぶき》 西蓮《さいれん》

兄の義久《よしひさ》を武勇《ぶゆう》で補佐《ほさ》 屈指《くっし》の猛将《もうしょう》「鬼島津《おにしまづ》」

薩摩《さつま》の大名、島津義久《しまづよしひさ》の家臣《かしん》であり、弟。合戦での圧倒的《あっとうてき》な強さから「鬼島津《おにしまづ》」とよばれる。島津義弘《しまづよしひろ》は、幼少時《ようしょうじ》から武勇《ぶゆう》にすぐれ、祖父《そふ》の忠良《ただよし》から「雄武英《ゆうぶえい》略《りゃく》で傑出《けっしゅつ》している」といわれて、将来《しょうらい》を期待された。

義弘《よしひろ》の武勇伝《ぶゆうでん》は、他を圧巻《あっかん》する。日向《ひゅうが》の伊藤氏《いとうし》ひきいる三千の兵を三百の兵で討《う》ちやぶり、耳川《みみかわ》の戦《たたか》いでは強敵《きょうてき》の大友氏《おおともし》を奇襲《きしゅう》で撃破《げきは》。九州平定《きゅうしゅうへいてい》の豊臣秀吉軍《とよとみひでよしぐん》と対峙《たいじ》したときは、鬼神《きしん》のごとくみずから敵《てき》軍《ぐん》に斬《き》りこんだという。島津氏《しまづし》が秀吉《ひでよし》に従属《じゅうぞく》してからも強さはかげらず、朝鮮出兵《ちょうせんしゅっぺい》では、泗川合戦《サチョンかっせん》において、七千の兵で三万の明《みん》（中《ちゅう》国《ごく》）軍《ぐん》をやぶっている。

兄の義久《よしひさ》が隠退《いんたい》し、家督《かとく》をついだ義弘《よしひろ》は、関《せき》ヶ《が》原《はら》の戦《たたか》いで西軍《せいぐん》につく。小早川秀秋《こばやかわひであき》の寝返《ねがえ》りによって西軍《せいぐん》が総《そう》くずれとなり、わずかな手勢《てぜい》で窮地《きゅうち》におちいった義弘《よしひろ》は、決死の覚悟《かくご》で敵《てき》主力にむかって突《とっ》撃《げき》し、これを突破《とっぱ》して薩摩《さつま》への帰《き》還《かん》をはたした。この壮絶《そうぜつ》な退却戦《たいきゃくせん》の模様《もよう》は「島津《しまづ》の退《の》き口《ぐち》」といわれ、諸将《しょしょう》の語《かた》り草《ぐさ》となった。

戦後、徳川家康《とくがわいえやす》は、西軍《せいぐん》についた島津氏《しまづし》の討伐《とうばつ》をきめるも、兄の義久《よしひさ》による講和交渉《こうわこうしょう》で、おとがめなしとなった。義弘《よしひろ》は、息子の忠《ただ》恒《つね》に当主の座《ざ》をゆずって隠退《いんたい》し、長生きしたのちに病没《びょうぼつ》した。

「鬼島津《おにしまづ》」らしい豪壮《ごうそう》な刀 関《せき》ヶ《が》原《はら》の敗戦処理《しょり》の謎《なぞ》

西蓮《さいれん》（個人蔵《こじんぞう》）は、島津義弘《しまづよしひろ》が朝鮮出兵《ちょうせんしゅっぺい》時に所持した、長くて厚《あつ》い豪壮《ごうそう》な刀。手元側の刀身に、敵《てき》の攻撃《こうげき》をうけとめた刀傷《かたなきず》がのこっている。

関《せき》ヶ《が》原《はら》の戦《たたか》いで、義弘《よしひろ》は西軍《せいぐん》に属《ぞく》したが、徳《とく》川家康《がわいえやす》がのちに「おとがめなし」としたのは、家康《いえやす》と仲がよかった兄の義久《よしひさ》が「義弘《よしひろ》の個人《こじん》行動だった」と弁明《べんめい》して、講和交渉《こうわこうしょう》をうまくまとめたことによる。また、近年では、義弘《よしひろ》は島津《しまづ》家《け》当主ではなかったとする新説もある。もしもそうであれば、義弘《よしひろ》の個人《こじん》行動という弁明《べんめい》は、ひとまず筋《すじ》がとおっている。

抱《だ》き杏葉《ぎょうよう》

大友宗麟《おおともそうりん》

甲冑《かっちゅう》
白檀塗浅葱糸威腹巻《びゃくだんぬりあさぎいとおどしはらまき》

武器《ぶき》
骨喰藤四郎《ほねはみとうしろう》

生没年《せいぼつねん》 一五三〇年～一五八七年

出身地《しゅっしんち》 豊後《ぶんご》（大分県《おおいたけん》）

居城《きょじょう》 臼杵城《うすきじょう》（大分県《おおいたけん》）

北《きた》九州《きゅうしゅう》六か国を支配《しはい》した豊《ぶん》後《ご》のキリシタン大名

北九州《きたきゅうしゅう》を平定《へいてい》した豊後《ぶんご》の大名。キリシタン大名として知られる。宗麟《そうりん》の名は仏教《ぶっきょう》に出家したときの法名《ほうみょう》で、本名は義鎮《よししげ》といい、キリスト教に改宗《かいしゅう》してからの洗礼名《せんれいめい》はドン・フランシスコという。

大友宗麟《おおともそうりん》は、鎌倉時代《かまくらじだい》からつづく名門大友家《おおともけ》において、後継者《こうけいしゃ》をめぐる惨劇《さんげき》の末に、二十一代当主の座《ざ》についた。翌年《よくとし》、鉄砲《てっぽう》や大砲《たいほう》を見聞《けんぶん》する目的でキリスト教宣教《せんきょう》師《し》のフランシスコ・ザビエルをまねく。のちのキリスト教への傾倒《けいとう》は、このときがきっかけとされる。

周防《すおう》の大内義隆《おおうちよしたか》が、九州《きゅうしゅう》に侵攻《しんこう》して豊前《ぶぜん》と筑前《ちくぜん》を制圧《せいあつ》したが、家《か》臣《しん》の反乱《はんらん》で死亡《しぼう》した。宗麟《そうりん》は、その二か国をすぐさま攻略《こうりゃく》。さらに、中国《ちゅうごく》地方《ちほう》から遠征《えんせい》してきた毛利元《もうりもと》就《なり》と対峙《たいじ》しながらも、肥前《ひぜん》、筑後《ちくご》、肥後《ひご》へと侵攻《しんこう》して、北九州《きたきゅうしゅう》の六か国を支配下《しはいか》においた。

肥前《ひぜん》の龍造寺《りゅうぞうじ》氏《し》が台頭《たいとう》しはじめたころ、宗麟《そうりん》は、息子の義統《よしむね》に家《か》督《とく》をゆずり、キリスト教に帰依《きえ》した。隠退後《いんたいご》も政治《せいじ》に関与《かんよ》し、北九《きたきゅう》州《しゅう》にキリシタン王国をつくることを夢見《ゆめみ》る。しかし、薩摩《さつま》から島津《しまづ》氏《し》が攻《せ》めあがってくると、耳川《みみかわ》の戦《たたか》いで大敗。以降《いこう》、みるみると領《りょう》地《ち》をうしない、宗麟《そうりん》は、豊臣秀吉《とよとみひでよし》に救援《きゅうえん》をもとめた。秀吉《ひでよし》の九州平《きゅうしゅうへい》定後《ていご》、宗麟《そうりん》は、秀吉《ひでよし》から豊後《ぶんご》の領《りょう》地《ち》を承認《しょうにん》され、その年に病没《びょうぼつ》した。

足利将軍家《あしかがしょうぐんけ》ゆかりの鎧《よろい》と刀　名刀は秀吉《ひでよし》のもとへ

白檀塗浅葱糸威腹巻《びゃくだんぬりあさぎいとおどしはらまき》（柞原八幡宮蔵《ゆすはらはちまんぐうぞう》）は、胸《むね》の部分に、蒔絵《まきえ》で桐紋《きりもん》がえがかれている。この桐紋《きりもん》は、室町幕府《むろまちばくふ》の足利将軍家《あしかがしょうぐんけ》から使用をゆるされたもので、大友家《おおともけ》の格式《かくしき》をあらわす。

骨喰藤四郎《ほねはみとうしろう》（豊国神社蔵《とよくにじんじゃぞう》）は、もとは薙刀《なぎなた》だったものをうちなおした刀。刀工《とうこう》の藤四郎吉光《とうしろうよしみつ》の作で、「斬《き》るまねをするだけで相手の骨《ほね》までくだいた」という逸話《いつわ》から、この名がついた。大《おお》友家《ともけ》の初代当主が足利将軍家《あしかがしょうぐんけ》に献上《けんじょう》し、室町幕《むろまちばく》府滅亡《ふめつぼう》後に大友宗麟《おおともそうりん》が買いもどしたが、九州平《きゅうしゅうへい》定《てい》ののち、豊臣秀吉《とよとみひでよし》から所望《しょもう》されて手ばなした。

変《か》わり十二《じゅうに》日足《ひあし》

龍造寺隆信《りゅうぞうじたかのぶ》

生没年《せいぼつねん》 一五二九年～一五八四年

出身地《しゅっしんち》 肥前《ひぜん》（佐賀県《さがけん》）

居城《きょじょう》 佐賀城《さがじょう》（佐賀県《さがけん》）

甲冑《かっちゅう》 紺糸威桶側二枚胴具足《こんいとおどしおけがわにまいどうぐそく》

武器《ぶき》 龍造寺国次《りゅうぞうじくにつぐ》

九州《きゅうしゅう》北西部を支配《しはい》した大名
豪腕《ごうわん》な猛将《もうしょう》「肥前《ひぜん》の熊《くま》」

九州《きゅうしゅう》北西部を制圧《せいあつ》した、「肥前《ひぜん》の熊《くま》」の異名《いみょう》をもつ大名。勢力《せいりょく》をあらそった大友宗麟《おおともそうりん》と島津義久《しまづよしひさ》とあわせて「九州三強《きゅうしゅうさんきょう》」とよばれる。

龍造寺隆信《りゅうぞうじたかのぶ》は、肥前《ひぜん》をおさめる少弐氏《しょうにし》の重臣《じゅうしん》、龍造寺周家《りゅうぞうじちかいえ》の息子にうまれ、幼少時《ようしょうじ》に出家した。しかし、一五四五年、父の周家《ちかいえ》をはじめとする一族の多くが、少弐氏《しょうにし》から謀叛《むほん》をうたがわれて殺害される。隆信《たかのぶ》は、曽祖父《そうそふ》の助力のもと、龍造寺家《りゅうぞうじけ》の家督《かとく》をついで力をたくわえ、一五五九年に少弐氏《しょうにし》を討《う》ちほろぼして、大名となった。

そのころ、豊後《ぶんご》の大友宗麟《おおともそうりん》が、北九州全域《きたきゅうしゅうぜんいき》に勢力《せいりょく》をひろげていた。隆信《たかのぶ》は、中国地方《ちゅうごくちほう》を制覇《せいは》した毛利《もうり》元就《もとなり》と同盟《どうめい》をむすび、大友氏《おおともし》と対《たい》峙《じ》。大友軍《おおともぐん》に居城《きょじょう》の佐賀城《さがじょう》を包囲された今山《いまやま》の戦《たたか》いでは、籠城戦《ろうじょうせん》の末に、奇襲《きしゅう》をかけて撃退《げきたい》した。その後、大友氏《おおともし》は、薩摩《さつま》から侵攻《しんこう》してきた島津氏《しまづし》に、耳川《みみかわ》の戦《たたか》いで大敗する。隆信《たかのぶ》は、その機をのがさず、肥前《ひぜん》を統一《とういつ》。さらに、筑前《ちくぜん》、筑後《ちくご》、肥後《ひご》、豊前《ぶぜん》にまたがる広範囲《こうはんい》も攻《こう》略《りゃく》して、勢力《せいりょく》を拡大《かくだい》させた。

隆信《たかのぶ》は、九州《きゅうしゅう》北上をすすめる島《しま》津氏《づし》と、島原半島《しまばらはんとう》の沖田畷《おきたなわて》で激突《げきとつ》した。龍造寺軍《りゅうぞうじぐん》は五万七千、島津《しまづ》軍《ぐん》は六万という大軍勢《だいぐんぜい》がぶつかったこの沖田畷《おきたなわて》の戦《たたか》いで、隆信《たかのぶ》は戦死をとげた。その結果、龍造寺氏《りゅうぞうじし》は大敗し、島津氏《しまづし》に屈服《くっぷく》した。

沖田畷《おきたなわて》の激戦《げきせん》をものがたる 隆信《たかのぶ》所用の具足《ぐそく》と刀

龍造寺隆信《りゅうぞうじたかのぶ》が所用したとつたわる紺糸威桶側《こんいとおどしおけがわ》二枚胴具足《にまいどうぐそく》（佐賀県立博物館蔵《さがけんりつはくぶつかんぞう》）は、沖田畷《おきたなわて》にある二本木神社《にほんぎじんじゃ》に奉納《ほうのう》されていた。頭巾《ずきん》をかたどった兜《かぶと》の正面には、銃弾《じゅうだん》をうけたと見られるへこみがのこっている。

龍造寺国次《りゅうぞうじくにつぐ》（佐賀県立博物館蔵《さがけんりつはくぶつかんぞう》）は、隆信《たかのぶ》が沖田畷《おきたなわて》の戦《たたか》いで使用していたとされる脇差《わきざし》。島《しま》津軍《づぐん》の武将《ぶしょう》の川上忠堅《かわかみただかた》が隆信《たかのぶ》を討《う》ちとり、戦《いくさ》のあとに、忠堅《ただかた》がこの刀をもらいうけた。以後、川上家《かわかみけ》において、隆信《たかのぶ》の霊《れい》をとむらいつつ、代々《だいだい》うけつがれてきた。

戦国の武器「刀剣と槍」

武将たちが合戦で使用した刀剣や槍には、いくつかの種類があり、部位によって、それぞれ固有の名称があります。

刀剣の種類と各部名称

- 両刃：両側に刃がある。
- 剣
- 片刃：片側に刃がある。
- 刀
- 直刀：刃がまっすぐ。
- 彎刀：刃が反っている。
- 太刀：刃を下向きにして装備する刀。鎌倉時代を中心に主流となる。
- 打刀：刃を上向きにして装備する刀。戦国時代以降に主流となる。
- 脇差：みじかい打刀。脇指とも書く。
- 短刀：脇差よりもみじかい。

- 鞘：刀をおさめる筒。
- 下緒：鞘を着物の帯にむすびつける紐。
- 刀身：鍔よりも先の部分。
- 鐔：柄と刀身の境目にはさみ、にぎり手を防護するもの。
- 柄：手で刀をにぎる部分。
- 鯉口：刀がはいる、鯉の口のような形状の鞘の穴。
- 切先：刀の先端。
- 刃紋：刀をつくる焼き入れの工程で刀身にできる模様。直刃と乱刃がある。
- 棟（峰）：刃がない側。刀の背。

槍の種類と各部名称

- 直槍：穂が直線の槍。
- 穂：槍の刃の部分。
- 柄：槍をにぎる部分。
- 穂先：穂の先端。
- 鎌槍：穂の根元に鎌状の刃がついた槍。
- 両鎌槍（十文字槍）：左右に鎌状の刃がある。
- 片鎌槍：左右の片側に鎌状の刃がある。
- 鎌が上むきのもの。
- 鎌が下むきのもの。
- 竹槍：竹の先端をとがらせた槍。農民などが自作した。

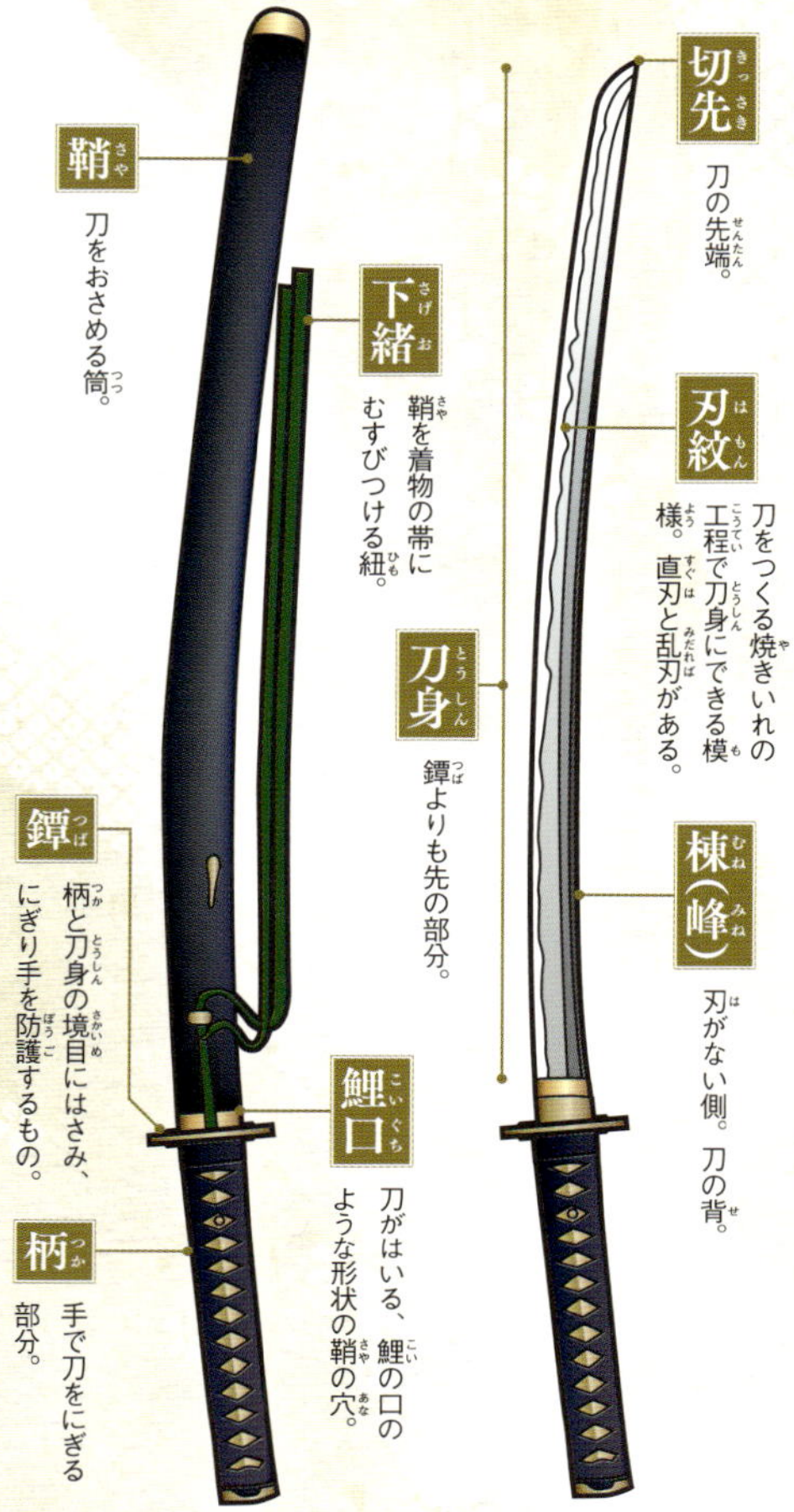

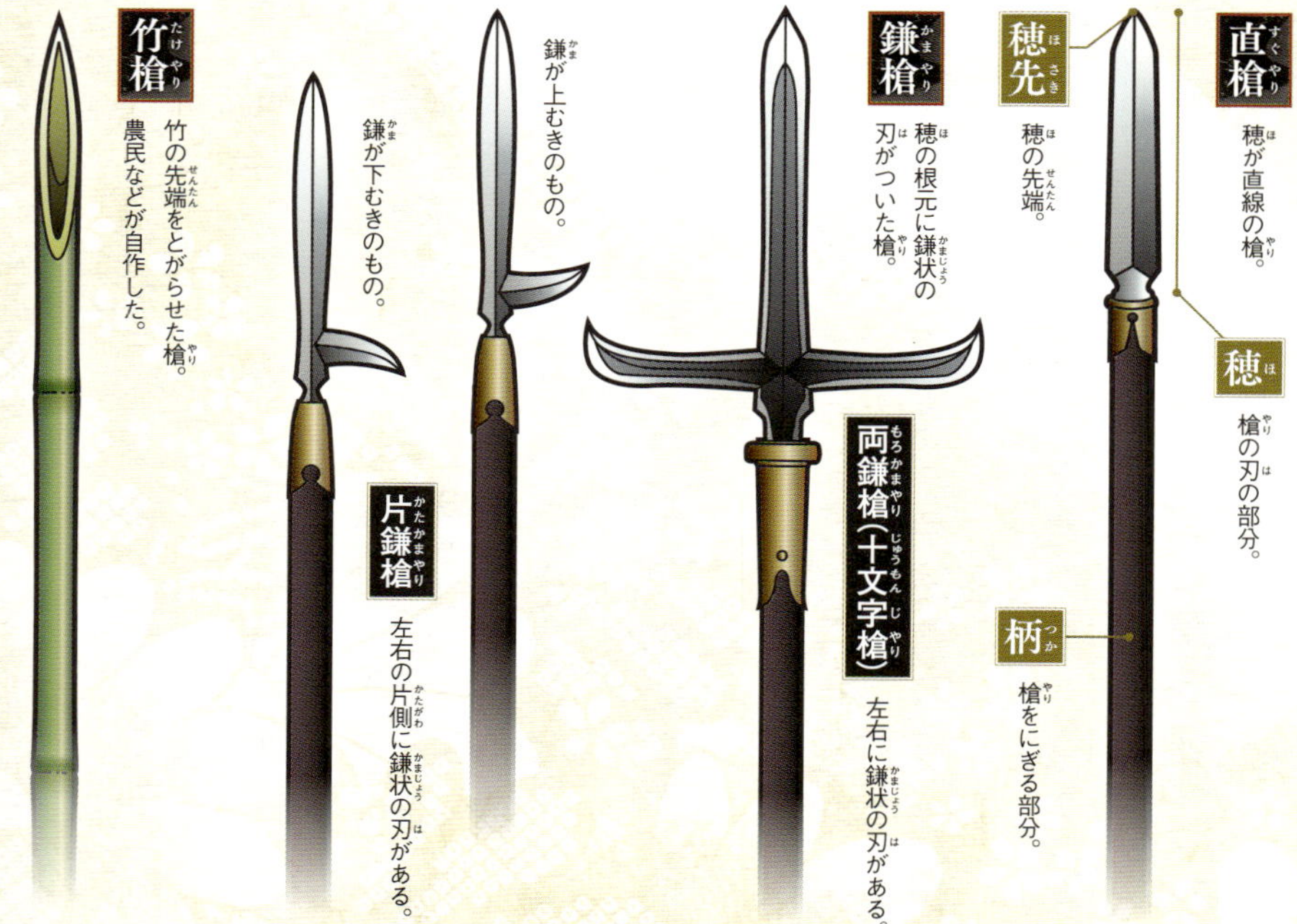

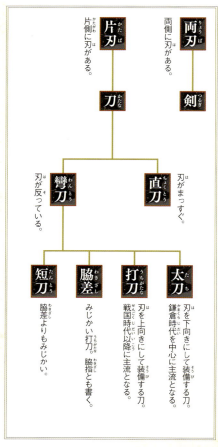

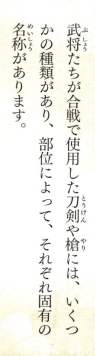

「天下《てんが》五剣《ごけん》」と「天下《てんが》三名槍《さんめいそう》」

数《かず》ある刀剣《とうけん》と槍《やり》のなかで、「天下《てんが》五剣《ごけん》」は、とくに名作とされる五振《ごふり》の刀、「天下《てんが》三名槍《さんめいそう》」は、とくに名作とされる三本の槍《やり》です。

天下《てんが》五剣《ごけん》

童子切［どうじぎり］

東京国立博物館蔵《とうきょうこくりつはくぶつかんぞう》。童子切安綱《どうじぎりやすつな》ともよばれる。足利将軍家《あしかがしょうぐんけ》、豊臣秀吉《とよとみひでよし》、徳川家康《とくがわいえやす》などが所持した。

鬼丸［おにまる］

皇室御物《こうしつぎょぶつ》。鬼丸国綱《おにまるくにつな》ともよばれる。北条家《ほうじょうけ》、足利将軍家《あしかがしょうぐんけ》、織《お》田信長《だのぶなが》、豊臣秀吉《とよとみひでよし》、徳川家康《とくがわいえやす》などが所持した。

三日月［みかづき］

東京国立博物館蔵《とうきょうこくりつはくぶつかんぞう》。三日月宗近《みかづきむねちか》ともよばれる。豊臣秀吉《とよとみひでよし》の妻《つま》の高台院《こうだいいん》（北政所《きたのまんどころ》）、徳川家《とくがわけ》などが所持した。

大典太［おおでんた］

前田育徳会蔵《まえだいくとくかいぞう》。大典太光世《おおでんたみつよ》ともよばれる。足利将軍家《あしかがしょうぐんけ》、豊臣《とよとみ》秀吉《ひでよし》、前田利家《まえだとしいえ》などが所持した。

数珠丸［じゅずまる］

本興寺蔵《ほんこうじぞう》。数珠丸恒次《じゅずまるつねつぐ》ともよばれる。仏教《ぶっきょう》の日蓮宗《にちれんしゅう》をひらいた日蓮《にちれん》が所持した太刀《たち》。

天下《てんが》三名槍《さんめいそう》

御手杵［おてぎね］

結城家《ゆうきけ》、松平家《まつだいらけ》が所持した。太平洋戦争《たいへいようせんそう》の東京大空襲《とうきょうだいくうしゅう》で焼失。

日本号［にほんごう］

福岡市博物館蔵《ふくおかしはくぶつかんぞう》。足利将軍家《あしかがしょうぐんけ》、織田信長《おだのぶなが》、豊臣秀吉《とよとみひでよし》、福島正《ふくしままさ》則《のり》、母里友信《もりとものぶ》などが所持した。

蜻蛉切［とんぼきり］

個人蔵《こじんぞう》。本多忠勝《ほんだただかつ》が愛用した槍《やり》で、本多家《ほんだけ》に代々《だいだい》つたえられた。

合戦の道具

軍配《ぐんばい》、采配《さいはい》、軍扇《ぐんせん》は、合戦時に武将《ぶしょう》が指揮《しき》をする際《さい》に使用しました。陣太鼓《じんだいこ》や陣貝《じんがい》は、合戦の合図や、命令伝達の際《さい》につかわれました。

軍配《ぐんばい》

軍配団扇《ぐんばいうちわ》ともいう。軍の進退《しんたい》を合図したり、軍の配置を指示《しじ》したりするときに使用した。

采配《さいはい》

細ながく切った厚紙《あつがみ》をふさにして、柄《え》につけたもの。軍配《ぐんばい》と同様に、指揮《しき》でつかわれた。

軍扇《ぐんせん》

軍配《ぐんばい》と同様に、指揮《しき》でつかわれた扇《おうぎ》。骨《ほね》が鉄でできた丈夫《じょうぶ》なものもある。

陣太鼓《じんだいこ》

軍の進退《しんたい》などを知らせるときにうちならす太鼓《たいこ》。

陣貝《じんがい》

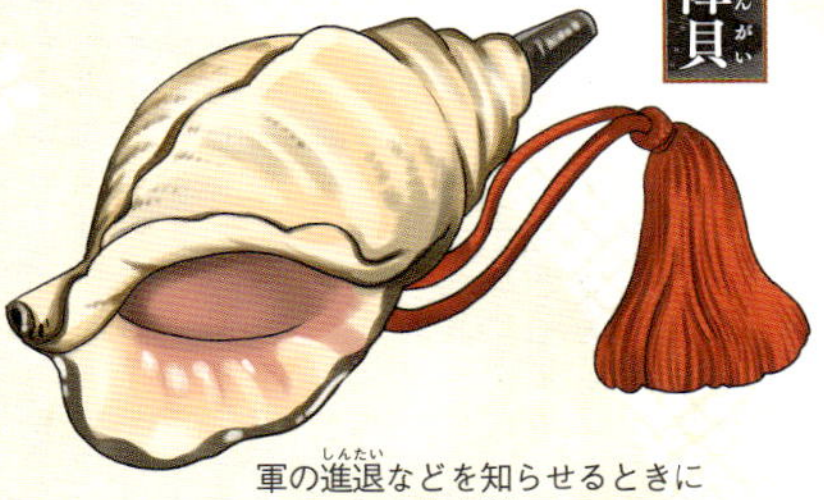

軍の進退《しんたい》などを知らせるときにふきならす法螺貝《ほらがい》。

戦場の「旗印《はたじるし》」と「馬印《うまじるし》」

旗印《はたじるし》は、戦場で敵味方《てきみかた》を識別《しきべつ》するためにかかげられた旗《はた》です。馬印《うまじるし》は、大将《たいしょう》のそばに一本たてて、周囲に所在《しょざい》を知らせました。

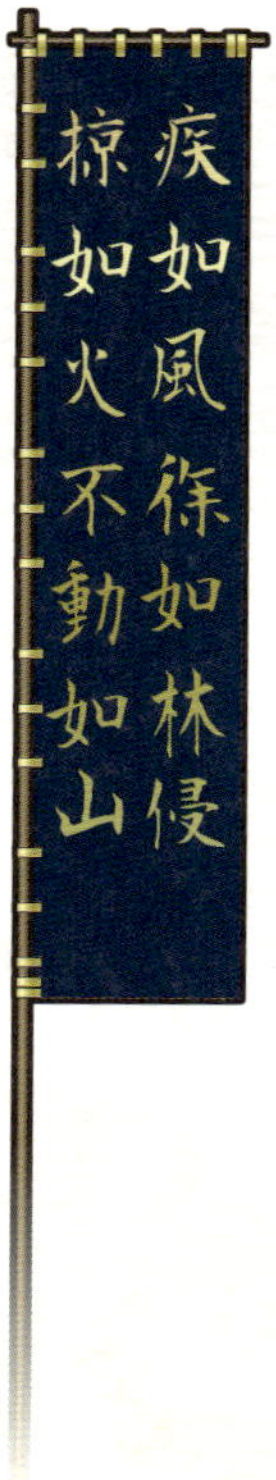

武田信玄《たけだしんげん》の旗印《はたじるし》

中国《ちゅうごく》の兵法書《へいほうしょ》『孫子《そんし》』の一節がしるされている。

上杉謙信《うえすぎけんしん》の旗印《はたじるし》

謙信《けんしん》が信仰《しんこう》した毘沙門天《びしゃもんてん》の「毘」の文字がしるされている。

徳川家康《とくがわいえやす》の馬印《うまじるし》

金色の巨大《きょだい》な扇《おうぎ》形《がた》をしている。

織田信長《おだのぶなが》の馬印《うまじるし》

金色の傘《かさ》をもちいたとされる。

「大《おお》ふへんもの」前田慶次《まえだけいじ》

前田慶次《まえだけいじ》は、前田利家《まえだとしいえ》の義理《ぎり》の甥《おい》にあたる戦国武将《せんごくぶしょう》で、上杉家《うえすぎけ》につかえて、直江兼続《なおえかねつぐ》と親交があったといわれます。めだつ服装《ふくそう》や行動をこのんだため、利家《としいえ》と同様に「かぶき者《もの》」とよばれました。

慶次《けいじ》は、合戦の際《さい》、「大《おお》ふへんもの」とかいた旗《はた》をかかげて参陣《さんじん》したといいます。それを見た武将《ぶしょう》が「大武辺者《おおぶへんもの》とは、自分をすぐれた武士《ぶし》とでもいうのか」と文句《もんく》をいったところ、慶次《けいじ》は「いやいや、わたしは不便《ふべん》でしかたない男なので、大不便者《おおふべんもの》とかいたのですよ」とこたえたそうです。

慶次《けいじ》は、功績《こうせき》などをしるした文献《ぶんけん》がすくなく、いくつかの奇行《きこう》がつたわる、謎《なぞ》の多い人物です。しかし、小説などの創作《そうさく》で有名になり、人気の高い武将《ぶしょう》でもあります。

第三章

～家康《いえやす》の覇業《はぎょう》～

安土《あづち》・桃山《ももやま》時代《じだい》後期～江戸《えど》時代《じだい》初期

江戸幕府《えどばくふ》をひらいた徳川家康《とくがわいえやす》の時代

第三章では、豊臣秀吉《とよとみひでよし》の死後、徳川家康《とくがわいえやす》が実権《じっけん》を掌握《しょうあく》して江戸幕府《えどばくふ》をひらいたころの、一六〇〇年～一六一五年前後に活躍《かつやく》した武将《ぶしょう》を紹介《しょうかい》します。江戸幕府《えどばくふ》の天下は、初代家康《いえやす》から十五代目まで、約二六〇年ものながい期間つづきました。

安土《あづち》・桃山時代《ももやまじだい》

一六〇〇年　関ヶ原《せきがはら》の戦《たたか》い

勝利　徳川東軍《とくがわとうぐん》 対 石田西軍《いしだせいぐん》　敗北

天下取りをもくろむ徳川家康《とくがわいえやす》に味方した「東軍《とうぐん》」と、豊臣政権《とよとみせいけん》を守ろうとする石田三成《いしだみつなり》に味方した「西軍《せいぐん》」が、美濃《みの》（岐阜県《ぎふけん》）の関ケ原《せきがはら》で激突《げきとつ》した大合戦。「天下分《てんかわ》け目《め》の戦《たたか》い」ともいわれる。軍勢《ぐんぜい》や布陣《ふじん》の面では西軍《せいぐん》が優勢《ゆうせい》だったが、西軍《せいぐん》の武将《ぶしょう》の寝返《ねがえ》りなどで形勢《けいせい》が逆転《ぎゃくてん》し、東軍《とうぐん》が勝利した。合戦の開始から決着まで、わずか六時間だった。

一六〇三年

徳川家康《とくがわいえやす》が征夷大将軍《せいいたいしょうぐん》になり、江戸幕府《えどばくふ》をひらく。

江戸時代《えどじだい》

一六〇五年

徳川秀忠《とくがわひでただ》が二代将軍《だいしょうぐん》となる。

一六一四年　大坂冬《おおさかふゆ》の陣《じん》

引分　幕府軍《ばくふぐん》 対 豊臣方《とよとみがた》

徳川家康《とくがわいえやす》の江戸幕府軍《えどばくふぐん》が、豊臣秀吉《とよとみひでよし》の遺児《いじ》である豊臣秀頼《とよとみひでより》の存在《そんざい》を危険視《きけんし》し、大坂城《おおさかじょう》を攻《せ》めた合戦。秀頼《ひでより》は、徳川《とくがわ》にうらみをもつ武将《ぶしょう》や浪人《ろうにん》を招集《しょうしゅう》して、幕府軍《ばくふぐん》をむかえうった。真田信繁《さなだのぶしげ》が真田丸《さなだまる》とよばれる

「関ヶ原《せきがはら》の戦《たたか》い」の勢力一覧《せいりょくいちらん》

関ケ原《せきがはら》の戦《たたか》いでは、全国のおもだった大名が、東軍《とうぐん》か西軍《せいぐん》のいずれかに属《ぞく》しました。この一覧《いちらん》は、関ケ原の合戦場にいた武将と、関ケ原《せきがはら》の合戦場にはいなかった武将《ぶしょう》を、東軍《とうぐん》と西軍《せいぐん》で分類したものです。

東軍《とうぐん》

関ケ原《せきがはら》に参戦

◆徳川家康《とくがわいえやす》　◆本多忠勝《ほんだただかつ》　◆井伊直政《いいなおまさ》
◆福島正則《ふくしままさのり》　◆藤堂高虎《とうどうたかとら》　◆黒田長政《くろだながまさ》
ほか

関ケ原《せきがはら》には不在《ふざい》

◆加藤清正《かとうきよまさ》　◆伊達政宗《だてまさむね》　◆最上義光《もがみよしあき》
◆南部信直《なんぶのぶなお》　ほか

西軍《せいぐん》

関ケ原《せきがはら》に参戦

◆石田三成《いしだみつなり》　◆宇喜多秀家《うきたひでいえ》
◆大谷吉継《おおたによしつぐ》　◆小早川秀秋《こばやかわひであき》（東軍《とうぐん》に寝返《ねがえ》る）
◆島津義弘《しまづよしひろ》　ほか

関ケ原《せきがはら》には不在《ふざい》

◆毛利輝元《もうりてるもと》　◆上杉景勝《うえすぎかげかつ》　◆真田昌幸《さなだまさゆき》
◆真田信繁《さなだのぶしげ》　ほか

※関ケ原《せきがはら》の「ケ」の字は、合戦名では小文字、地名では大文字で表記します。

砦《とりで》で幕府軍《ばくふぐん》を撃退《げきたい》するなど、劣勢《れっせい》と見られた豊臣方《とよとみがた》が善戦《ぜんせん》。その結果、両軍《りょうぐん》が和睦《わぼく》して決着したが、その際《さい》にかわされた条件《じょうけん》は、豊臣方《とよとみがた》に不利なものばかりだった。

一六一五年 大坂夏の陣《おおさかなつのじん》

勝利 **幕府軍《ばくふぐん》 対 豊臣方《とよとみがた》** 敗北

幕府軍《ばくふぐん》が大坂城《おおさかじょう》の豊臣方《とよとみがた》を再攻撃《さいこうげき》した合戦。大坂冬《おおさかふゆ》の陣《じん》とあわせて、「大坂《おおさか》の役《えき》」（または「大坂《おおさか》の陣《じん》」）という。冬《ふゆ》の陣《じん》で講和《こうわ》した際《さい》、大《おお》坂城《さかじょう》の外堀《そとぼり》をうめるなどの不利な条件《じょうけん》をうけいれた豊臣方《とよとみがた》は、城《しろ》の守りをうしない、城外《じょうがい》での戦闘《せんとう》をしいられた。圧倒的《あっとうてき》な劣勢《れっせい》のなかで、後藤又兵衛《ごとうまたべえ》や真田信繁《さなだのぶしげ》などの名だたる武将《ぶしょう》がつぎつぎと戦死。豊臣秀《とよとみひで》頼《より》は、母の淀殿《よどどの》とともに自害し、大坂城《おおさかじょう》は燃《も》えおちた。こうして豊臣《とよとみ》家《け》は滅亡《めつぼう》し、戦乱《せんらん》の世は終焉《しゅうえん》をむかえた。

一六一六年

徳川家康《とくがわいえやす》が病死する。

「大坂冬の陣《おおさかふゆのじん》」の布陣図《ふじんず》

大坂《おおさか》の役《えき》における第一回目の合戦「大坂冬の陣《おおさかふゆのじん》」での各武《かくぶ》将《しょう》の布陣図《ふじんず》です。真田信繁《さなだのぶしげ》は、大坂城《おおさかじょう》の弱点が南側にあると見て、真田丸《さなだまる》とよばれる砦《とりで》をきずいて陣《じん》をはり、幕府軍《ばくふぐん》をむかえうちました。

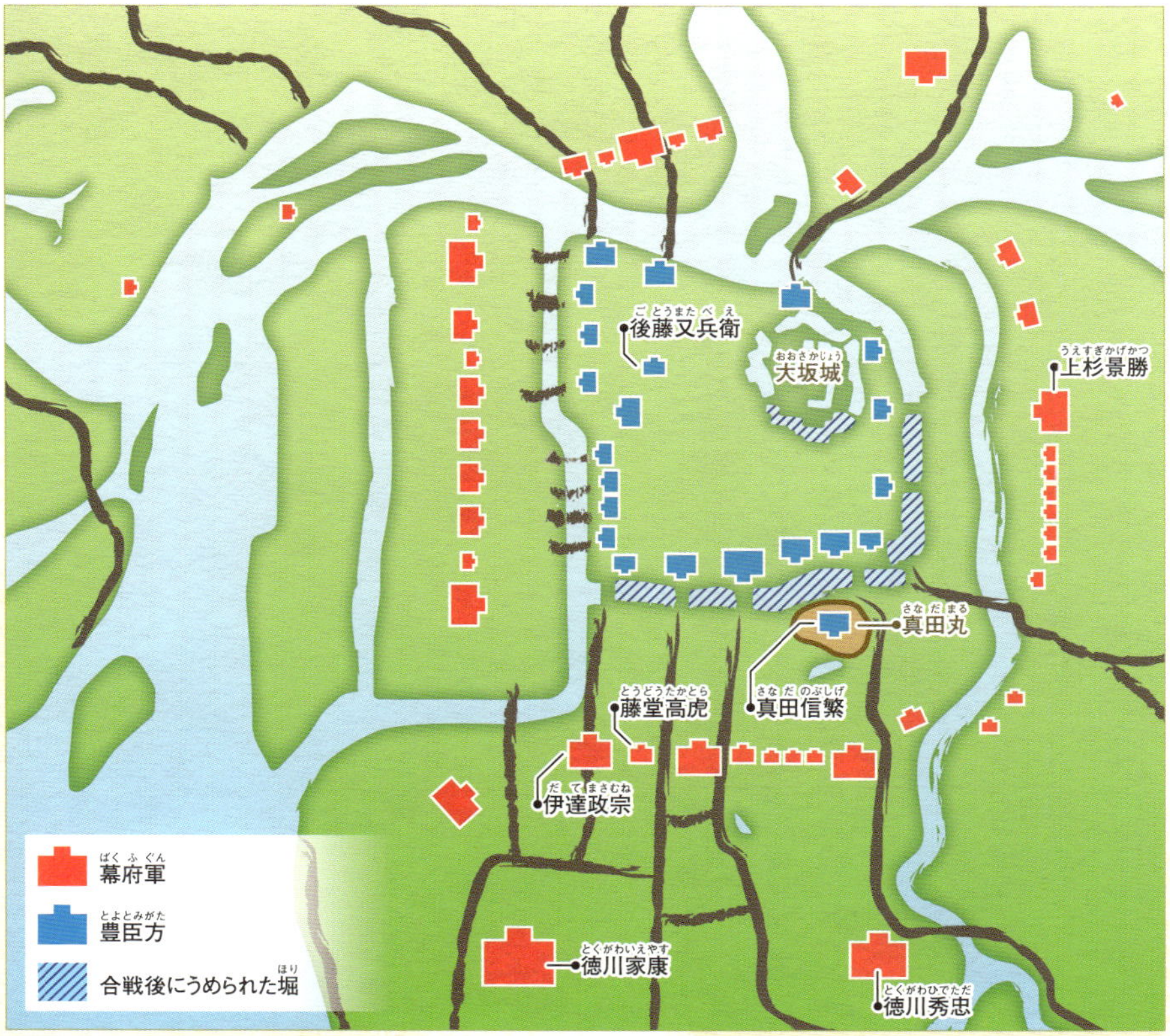

三葉葵《みつばあおい》

徳川家康《とくがわいえやす》

生没年《せいぼつねん》　一五四二年〜一六一六年

出身地《しゅっしんち》　三河《みかわ》（愛知県《あいちけん》）

居城《きょじょう》　浜松城《はままつじょう》（静岡県《しずおかけん》）、江戸城《えどじょう》（東京都《とうきょうと》）

甲冑《かっちゅう》　伊予札黒糸威胴丸具足
いよざねくろいとおどしどうまるぐそく

武器《ぶき》　ソハヤノツルキ
そはやのつるき

辛抱《しんぼう》の末に天下をつかみ江戸《えど》幕府《ばくふ》をひらいた勝者

関《せき》ヶ原《がはら》の戦《たたか》いで勝利して天下をつかんだ、三河《みかわ》の大名。征夷大将《せいいたいしょう》軍《ぐん》となって、江戸幕府《えどばくふ》をひらいた。

徳川家康《とくがわいえやす》は、三河《みかわ》の小領主《しょうりょうしゅ》の松《まつ》平家《だいらけ》にうまれ、幼少時《ようしょうじ》に今川義元《いまがわよしもと》のもとへ人質《ひとじち》にだされた。十三年後、桶狭間《おけはざま》の戦《たたか》いで義元《よしもと》が死亡《しぼう》すると、三河《みかわ》にもどり独立《どくりつ》をはたす。

家康《いえやす》は、織田信長《おだのぶなが》と同盟《どうめい》をむすび、以降《いこう》二十年間、織田軍《おだぐん》の一翼《いちよく》として各地を転戦しつつ、自国の領地《りょうち》をおしひろげた。その間、長男の信康《のぶやす》が、信長《のぶなが》から謀叛《むほん》をうたがわれて死罪《しざい》となるが、それでも家康《いえやす》は、信長《のぶなが》にしたがいつづけた。

本能寺《ほんのうじ》の変《へん》で信長《のぶなが》が死亡《しぼう》すると、その後継者《こうけいしゃ》に豊臣秀吉《とよとみひでよし》が名のりをあげる。それを不服とした家康《いえやす》は、小牧《こまき》・長久手《ながくて》の戦《たたか》いで秀吉《ひでよし》と対峙《たいじ》。戦術的《せんじゅつてき》には優位《ゆうい》にたったが、政治《せいじ》的《てき》には秀吉《ひでよし》に負け、以後は秀吉《ひでよし》にしたがった。その後、秀吉《ひでよし》の命《めい》で関東《かんとう》に国替《くにが》えされたが、江戸城《えどじょう》を改築《かいちく》して領内《りょうない》の繁栄《はんえい》に尽力《じんりょく》する。

秀吉《ひでよし》の死後、五大老《ごたいろう》の筆頭《ひっとう》をつとめていた家康《いえやす》は、諸大名《しょだいみょう》を味方にひきこんで、石田三成《いしだみつなり》と敵対《てきたい》する。一六〇〇年の関ヶ原《せきがはら》の戦《たたか》いで、三成方《みつなりがた》の西軍《せいぐん》に勝利して天下を手中にすると、三年後に征夷大将軍《せいいたいしょうぐん》となって江戸幕府《えどばくふ》をひらいた。

江戸幕府《えどばくふ》を永続《えいぞく》させるため、大《おお》坂《さか》の役《えき》で豊臣家《とよとみけ》をほろぼした家康《いえやす》は、その翌年《よくとし》に病没《びょうぼつ》した。

夢枕《ゆめまくら》にたった大黒天《だいこくてん》にせてつくられた甲冑《かっちゅう》

伊予札黒糸威胴丸具足《いよざねくろいとおどしどうまるぐそく》（久能山東照宮博物館《くのうざんとうしょうぐうはくぶつかん》蔵《ぞう》）は、兜《かぶと》の前立《まえだて》がシダの葉をかたどっていることで、歯朶具足《しだぐそく》ともよばれる。徳川家康《とくがわいえやす》が関ヶ原《せきがはら》の戦《たたか》いで着用したもので、合戦前、家康《いえやす》が見た夢《ゆめ》に大黒天《だいこくてん》がでてきたことから、大黒天《だいこくてん》の頭巾《ずきん》ににせて兜《かぶと》がつくられたという。

ソハヤノツルキ（久能山東照宮蔵《くのうざんとうしょうぐうぞう》）は、平安《へいあん》時代《じだい》の武将《ぶしょう》で征夷大将軍《せいいたいしょうぐん》の坂上田村麻呂《さかのうえのたむらまろ》の愛刀「ソハヤの剣《つるぎ》」になぞらえてつくられた刀。大《おお》坂《さか》の役《えき》で敵将《てきしょう》が使用していたものが、戦《いくさ》のあと家康《いえやす》の手にわたり、それ以後、愛用《あいよう》したという。

丸《まる》に片喰《かたばみ》

酒井忠次《さかいただつぐ》

生没年《せいぼつねん》　一五二七年～一五九六年

出身地《しゅっしんち》　三河《みかわ》（愛知県《あいちけん》）

居城《きょじょう》　吉田城《よしだじょう》（愛知県《あいちけん》）

甲冑《かっちゅう》　色々威胴丸《いろいろおどしどうまる》

武器《ぶき》　甕通槍《かめどおしやり》

家康《いえやす》によりそう古参《こさん》家老《がろう》「徳川四天王《とくがわしてんのう》」筆頭《ひっとう》の名将《めいしょう》

徳川家康《とくがわいえやす》の重臣《じゅうしん》で、数々《かずかず》の合戦でめざましい活躍《かつやく》をおさめた武将《ぶしょう》。本多忠勝《ほんだただかつ》、井伊直政《いいなおまさ》、榊原康政《さかきばらやすまさ》とともに「徳川四天王《とくがわしてんのう》」とよばれ、その筆頭《ひっとう》とされる。

酒井忠次《さかいただつぐ》は、家康《いえやす》の父、松平広忠《まつだいらひろただ》の代からつかえ、十五歳《さい》年下の家康《いえやす》が今川氏《いまがわし》へ人質《ひとじち》にだされたときは、忠次《ただつぐ》も側近として同行し、ともに辛酸《しんさん》をなめた。家康《いえやす》が今川氏《いまがわし》から独立《どくりつ》したあとは、忠次《ただつぐ》が家老《かろう》となって、家康《いえやす》をささえた。

忠次《ただつぐ》は、姉川《あねがわ》の戦《たたか》いや三方ヶ原《みかたがはら》の戦《たたか》いなど、家康《いえやす》の将来《しょうらい》を左右する大事な合戦に従軍《じゅうぐん》して、武功《ぶこう》をかさねた。とくに、織田信長《おだのぶなが》との連合軍で武田軍《たけだぐん》と激突《げきとつ》した長篠合戦《ながしのかっせん》では、忠次《ただつぐ》が敵《てき》の背後《はいご》から奇襲《きしゅう》をかけて勝利に大きく貢献《こうけん》し、信長《のぶなが》からも賞賛《しょうさん》をうけている。

家康《いえやす》の長男の信康《のぶやす》が、信長《のぶなが》から謀叛《むほん》をうたがわれて安土城《あづちじょう》によびだされた際《さい》、忠次《ただつぐ》も同行した。そのとき、忠次《ただつぐ》が弁護《べんご》をしなかったために、信康《のぶやす》が死罪《しざい》になったともいわれる。忠次《ただつぐ》の真意は不明だが、弁護《べんご》をすれば家康《いえやす》にも危害《きがい》がおよぶと判断《はんだん》して、信康《のぶやす》を見すてたとする説もある。この一件《いっけん》について、家康《いえやす》は、のちのちまで忠次《ただつぐ》をうらんだともいわれる。

それでも忠次《ただつぐ》は、家康《いえやす》につくして徳川家《とくがわけ》の隆盛《りゅうせい》に力をそそぎ、関ヶ原《せきがはら》の戦《たたか》いの四年前に病没《びょうぼつ》した。

追撃《ついげき》する敵《てき》をあざむいた「酒井《さかい》の太鼓《たいこ》」の物語

色々威胴丸《いろいろおどしどうまる》（致道博物館蔵《ちどうはくぶつかんぞう》）は、室町時代《むろまちじだい》に流行したつくりの甲冑《かっちゅう》で、前立《まえだて》の三鍬形《みつくわがた》も、古式の兜《かぶと》によく見られるものである。

甕通槍《かめどおしやり》（致道博物館蔵《ちどうはくぶつかんぞう》）は、酒井忠次《さかいただつぐ》が愛用した槍《やり》で、大きな甕《かめ》のかげにかくれた敵兵《てきへい》を、甕《かめ》もろともつらぬいたという逸話《いつわ》をもつ。

三方ヶ原《みかたがはら》の戦《たたか》いで、徳川家康《とくがわいえやす》が武田軍《たけだぐん》にやぶれて浜松城《はままつじょう》ににげかえった際《さい》、酒井忠次《さかいただつぐ》が、城内《じょうない》から太鼓《たいこ》を大きくうちならしたともいわれている。この音をきいた武田軍《たけだぐん》は、なにか策《さく》があるとおもいこみ、追撃《ついげき》を中止したという。

丸《まる》に立《た》ち葵《あおい》

本多忠勝《ほんだただかつ》

生没年《せいぼつねん》　一五四八年～一六一〇年

出身地《しゅっしんち》　三河《みかわ》（愛知県《あいちけん》）

居城《きょじょう》　大多喜城《おおたきじょう》（千葉県《ちばけん》）、桑名城《くわなじょう》（三重県《みえけん》）

甲冑《かっちゅう》　黒糸威二枚胴具足《くろいとおどしにまいどうぐそく》

武器《ぶき》　蜻蛉切《とんぼぎり》

勇猛果敢《ゆうもうかかん》に戦場をかけた 徳川《とくがわ》最強の豪傑武将《ごうけつぶしょう》

徳川家康《とくがわいえやす》の重臣《じゅうしん》で、数々《かずかず》の合戦で縦横無尽《じゅうおうむじん》に活躍《かつやく》した猛将《もうしょう》。家康《いえやす》の側近である「徳川四天王《とくがわしてんのう》」のひとりにかぞえられる。

本多忠勝《ほんだただかつ》は、幼少期《ようしょうき》から家康《いえやす》につかえ、ぬきんでた武勇《ぶゆう》で徳川家《とくがわけ》の隆盛《りゅうせい》に大きく貢献《こうけん》した。姉川《あねがわ》の戦《たたか》いでは、一万の朝倉軍《あさくらぐん》にむかって単騎《たんき》で突入《とつにゅう》し、敵将《てきしょう》と一騎《いっき》打《う》ちした。三方ケ原《みかたがはら》の戦《たたか》いでは、武田《たけだ》軍《ぐん》に大敗した味方を退却《たいきゃく》させるため、戦場にのこって敵《てき》をなぎたおした。無謀《むぼう》ともいえる戦《いくさ》ぶりだが、生涯《しょうがい》で五十七回の合戦をして、一度も手傷《てきず》を負わなかったという。

武功《ぶこう》をかさねる忠勝《ただかつ》は、諸将《しょしょう》の評判《ひょうばん》になった。武田信玄《たけだしんげん》の家臣《かしん》は「家康《いえやす》にはもったいない武将《ぶしょう》」と皮肉をいい、織田信長《おだのぶなが》は「花も実もかねそなえた武将《ぶしょう》」と賞賛《しょうさん》。豊《とよ》臣秀吉《とみひでよし》は「東国《とうごく》の天下無双《てんかむそう》の大《たい》将《しょう》」と絶賛《ぜっさん》した。小牧《こまき》・長久手《ながくて》の戦《たたか》いでは、八万の豊臣軍《とよとみぐん》に、忠勝《ただかつ》は五百の兵でたちはだかり、それを見た秀吉《ひでよし》は感激《かんげき》して、忠勝《ただかつ》を討《う》ちとることを禁じたという。

関ケ原《せきがはら》の戦《たたか》いでも活躍《かつやく》した忠勝《ただかつ》は、伊勢《いせ》に十万石《ごく》をあたえられ、江戸時代《えどじだい》に桑名藩《くわなはん》をひらいた。のちに、息子の忠政《ただまさ》に家督《かとく》をゆずって隠退《いんたい》し、病没《びょうぼつ》する。死の数日前、木彫《きぼ》りをしていて手を切ってしまい、「本多忠勝《ほんだただかつ》も傷《きず》を負ったらおわりだな」とつぶやいたという。

兜《かぶと》と大数珠《おおじゅず》が奇抜《きばつ》な甲冑《かっちゅう》 愛用の槍《やり》は切れ味バツグン

黒糸威二枚胴具足《くろいとおどしにまいどうぐそく》（個人蔵《こじんぞう》）は、兜《かぶと》の前立《まえだて》に獅子《しし》、脇立《わきだて》には鹿《しか》の角《つの》のかざりがほどこされている。肩《かた》にかけているのは木製《もくせい》の玉に金箔《きんぱく》をおした大数珠《おおじゅず》で、戦死者をとむらう意味があるという。見た目は重量がありそうだが、戦場でのうごきやすさを重視《じゅうし》して、軽くつくられている。

本多忠勝《ほんだただかつ》が愛用した蜻蛉切《とんぼきり》（個人蔵《こじんぞう》）は、天《てん》下三名槍《がさんめいそう》とよばれた槍《やり》のひとつで、長さは六メートル以上もあったという。刃《は》の切れ味はきわめてするどく、槍《やり》の刃《は》にとまったトンボが真っ二つになったという逸話《いつわ》をもつ。

丸《まる》に橘《たちばな》

井《い》伊《い》直《なお》政《まさ》

生没年《せいぼつねん》 一五六一年～一六〇二年

出身地《しゅっしんち》 遠江《とおとうみ》（静岡県《しずおかけん》）

居城《きょじょう》 佐和山城《さわやまじょう》（滋賀県《しがけん》）

甲冑《かっちゅう》 朱漆塗紺糸威桶側二枚胴具足《しゅうるしぬりこんいとおどしおけがわにまいどうぐそく》

武器《ぶき》 来国光《らいくにみつ》

「井伊《いい》の赤備《あかぞな》え」をひきいて徳川軍《とくがわぐん》を連勝させた猛将《もうしょう》

徳川家康《とくがわいえやす》の重臣《じゅうしん》で、「井伊《いい》の赤《あか》備《ぞな》え」とよばれる騎馬軍団《きばぐんだん》をひきいた、「赤鬼《あかおに》」の異名《いみょう》をもつ猛将《もうしょう》。「徳川四天王《とくがわしてんのう》」のひとり。

井伊直政《いいなおまさ》は、今川氏《いまがわし》の家臣《かしん》だった井伊直親《いいなおちか》の長男にうまれた。その翌年《よくとし》、当主の直親《なおちか》が謀叛《むほん》の嫌疑《けんぎ》で今川氏《いまがわし》に殺されると、直政《なおまさ》は、当主の座《ざ》をついだ井伊直虎《いいなおとら》の養子となった。直虎《なおとら》は、先々代《せんせんだい》当主の直盛《なおもり》の娘《むすめ》であり、井伊家滅亡《いいけめつぼう》の危《き》機《き》をすくうため、井伊谷城《いいのやじょう》の城主《じょうしゅ》をつとめた女傑《じょけつ》である。

成長した直政《なおまさ》は、鷹狩《たかが》りをしていた家康《いえやす》に見いだされて家臣《かしん》となり、のちに井伊家《いいけ》の家督《かとく》をついだ。武田氏《たけだし》の滅亡後《めつぼうご》、徳川軍《とくがわぐん》に編《へん》入《にゅう》された武田騎馬隊《たけだきばたい》をまかされ、「井伊《いい》の赤備《あかぞな》え」とよばれる騎馬《きば》軍団《ぐんだん》を結成。小牧《こまき》・長久手《ながくて》の戦《たたか》いや小田原征伐《おだわらせいばつ》で活躍《かつやく》し、直政《なおまさ》は「赤鬼《あかおに》」の異名《いみょう》でよばれた。

直政《なおまさ》は、武勇《ぶゆう》だけでなく、政治《せいじ》手腕《しゅわん》もすぐれていた。関ヶ原《せきがはら》の合戦前には、諸大名《しょだいみょう》を徳川方《とくがわがた》にひきこむ工作を成功させ、合戦後には、敵総大将《てきそうだいしょう》の毛利輝元《もうりてるもと》と交渉《こうしょう》して大《おお》坂城《さかじょう》を無血開城《むけつかいじょう》させた。

その関ヶ原《せきがはら》の戦《たたか》いでは、先陣《せんじん》をまかされていた福島正則《ふくしままさのり》をだしぬき、真っ先にかけだして一番槍《いちばんやり》の武勲《ぶくん》をあげた。しかし、合戦のさなかに銃弾《じゅうだん》をうけ、その傷《きず》がもとで、二年後に死亡《しぼう》した。

全身赤色のうつくしい甲冑《かっちゅう》
名工《めいこう》の来国光《らいくにみつ》がつくった刀

井伊直政《いいなおまさ》が所用したとつたわる朱漆塗紺糸《しゅうるしぬりこんいと》威桶側二枚胴具足《おどしおけがわにまいどうぐそく》（彦根城博物館蔵《ひこねじょうはくぶつかんぞう》）は、「赤《あか》鬼《おに》」の異名《いみょう》のとおり全身が赤い色で、兜《かぶと》には天《てん》衝《つき》とよばれる金の脇立《わきだて》がある。直政《なおまさ》がひきいた騎馬軍団《きばぐんだん》の甲冑《かっちゅう》も赤で統一《とういつ》されていたことから、「井伊《いい》の赤備《あかぞな》え」とよばれた。

来国光《らいくにみつ》（彦根城博物館蔵《ひこねじょうはくぶつかんぞう》）は、高名な刀工《とうこう》の来国光《らいくにみつ》がつくった太刀《たち》で、直政《なおまさ》が所用した。この刀のほかにも、「来国光《らいくにみつ》」の名をもつ来国光《らいくにみつ》作《さく》の刀が複数《ふくすう》あるが、どれも名刀で、多くが国《こく》宝《ほう》や重要文化財《じゅうようぶんかざい》に指定されている。

榊原源氏車《さかきばらげんじぐるま》

榊原康政《さかきばらやすまさ》

生没年《せいぼつねん》　一五四八年～一六〇六年

出身地《しゅっしんち》　三河《みかわ》（愛知県《あいちけん》）

居城《きょじょう》　館林城《たてばやしじょう》（群馬県《ぐんまけん》）

甲冑《かっちゅう》　黒糸威二枚胴具足
くろいとおどしにまいどうぐそく

武器《ぶき》　榊原正宗
さかきばらまさむね

指揮《しき》にすぐれた戦上手《いくさじょうず》 無欲《むよく》で家康《いえやす》につくした功臣《こうしん》

徳川家康《とくがわいえやす》の重臣《じゅうしん》で、多くの合戦で活躍《かつやく》した武将《ぶしょう》。「徳川四天王《とくがわしてんのう》」のひとりにかぞえられる。

榊原康政《さかきばらやすまさ》は、少年期から家康《いえやす》につかえ、合戦で武功《ぶこう》をかさねて、家康《いえやす》の側近となった。旗本《はたもと》の部隊をまかされた康政《やすまさ》は、みごとに軍を指揮《しき》して頭角《とうかく》をあらわす。姉川《あねがわ》の戦《たたか》いでは敵軍《てきぐん》を側面から攻《せ》めくずし、小牧《こまき》・長久手《ながくて》の戦《たたか》いでは奇《き》襲攻撃《しゅうこうげき》を成功させた。指揮能力《しきのうりょく》については、猛将《もうしょう》の本多忠勝《ほんだただかつ》をしのぐともいわれた。

小牧《こまき》・長久手《ながくて》の戦《たたか》いでは、羽柴《はしば》（のちの豊臣《とよとみ》）秀吉《ひでよし》を激怒《げきど》させたことで有名である。康政《やすまさ》は、天下取りをもくろむ秀吉《ひでよし》の不義《ふぎ》をかきつらねた檄文《げきぶん》をしたため、敵将《てきしょう》たちにおくりつけたのだ。憤怒《ふんぬ》した秀吉《ひでよし》は、「康政《やすまさ》の首をとった者に十万石《ごく》をあたえる」とおふれをだした。このことで、むしろ康政《やすまさ》の武名《ぶめい》がひろく知れわたったという。

徳川秀忠《とくがわひでただ》が関ヶ原《せきがはら》の戦《たたか》いに遅参《ちさん》して、父の家康《いえやす》を怒《おこ》らせたとき、康政《やすまさ》は、切腹《せっぷく》を覚悟《かくご》しつつ家康《いえやす》と面会し、「遅参《ちさん》の責任《せきにん》は同行していた自分にある」と秀忠《ひでただ》を弁護《べんご》して、両者の関係を修復《しゅうふく》させた。

その後、江戸幕府《えどばくふ》がひらかれ、康政《やすまさ》は、重職《じゅうしょく》である老中《ろうじゅう》についた。しかし、「老臣《ろうしん》が権力《けんりょく》をもつと国がほろびる」といって表舞台《おもてぶたい》にはでず、しずかに病没《びょうぼつ》した。

親友は本多忠勝《ほんだただかつ》と井伊直政《いいなおまさ》 戦友にめぐまれた武将《ぶしょう》

黒糸威二枚胴具足《くろいとおどしにまいどうぐそく》（東京国立博物館蔵《とうきょうこくりつはくぶつかんぞう》）は、兜《かぶと》の前立《まえだて》に長い剣《けん》がたっている。これは、不動《ふどう》明王《みょうおう》がもっている三鈷剣《さんこけん》をかたどったもの。榊原正宗《さかきばらまさむね》は、榊原康政《さかきばらやすまさ》が所用した刀で、のちに福島正則《ふくしままさのり》にわたった。その後、島津家《しまづけ》へとうつったが、太平洋戦争《たいへいようせんそう》で焼失したとされる。

康政《やすまさ》は、年齢《ねんれい》と故郷《こきょう》がおなじ本多忠勝《ほんだただかつ》と仲がよく、戦場ではたがいに武功《ぶこう》をきそいあった。また、井伊直政《いいなおまさ》とはさらに仲がよく、一心同体《いっしんどうたい》のようにおもっていたという。智勇《ちゆう》をかねそなえた康政《やすまさ》は、戦友にもめぐまれていた。

丸《まる》に立《た》ち葵《あおい》

本多正信《ほんだまさのぶ》

生没年《せいぼつねん》 一五三八年〜一六一六年

出身地《しゅっしんち》 三河《みかわ》（愛知県《あいちけん》）

居城《きょじょう》 玉縄城《たまなわじょう》（神奈川県《かながわけん》）

甲冑《かっちゅう》 不明

武器《ぶき》 不明

家康《いえやす》から絶大《ぜつだい》な信頼《しんらい》をえた智謀《ちぼう》にたける徳川参謀《とくがわさんぼう》

徳川家康《とくがわいえやす》の側近をつとめ、政治《せいじ》や謀略《ぼうりゃく》で活躍《かつやく》した智将《ちしょう》。徳川幕府《とくがわばくふ》の成立と運営《うんえい》に尽力《じんりょく》した。おなじ苗字《みょうじ》の本多忠勝《ほんだただかつ》とは遠縁《とおえん》にあたる。

本多正信《ほんだまさのぶ》は、幼少期《ようしょうき》から家康《いえやす》につかえたが、三河一向一揆《みかわいっこういっき》で一揆《いっき》側《がわ》に加担《かたん》して、徳川家《とくがわけ》を追放された。その後、数年間の流浪《るろう》ののち、徳川家臣《とくがわかしん》への復帰《ふっき》をみとめられる。

武田氏《たけだし》の滅亡後《めつぼうご》、甲斐《かい》の統治《とうち》を命じられた正信《まさのぶ》は、武田家臣《たけだかしん》の精《せい》鋭《えい》を徳川《とくがわ》配下にひきこむなどして、政治的才能《せいじてきさいのう》を発揮《はっき》する。やがて家《いえ》康《やす》の側近にとりたてられ、政治《せいじ》や謀略《ぼうりゃく》で成果をあげて、家康《いえやす》がもっとも信頼《しんらい》をおく参謀《さんぼう》となった。

関ケ原《せきがはら》の戦《たたか》いののち、正信《まさのぶ》は、徳川幕府《とくがわばくふ》の成立と運営《うんえい》に大きく貢《こう》献《けん》した。朝廷《ちょうてい》と交渉《こうしょう》して家康《いえやす》を征《せい》夷大将軍《いたいしょうぐん》に就任《しゅうにん》させると、正信《まさのぶ》が幕政《ばくせい》の実権《じっけん》を掌握《しょうあく》。家康《いえやす》が隠居《いんきょ》して秀忠《ひでただ》が二代将軍《しょうぐん》につくと、大老《たいろう》に昇進《しょうしん》してさらなる権力《けんりょく》をえた。

太平《たいへい》の世《よ》には不要といわんばかりに、正信《まさのぶ》は、武断派《ぶだんは》の武将《ぶしょう》を政《せい》権《けん》から遠ざけた。本多忠勝《ほんだただかつ》などの名だたる武将《ぶしょう》たちは、正信《まさのぶ》を「腰《こし》抜《ぬ》け」「腸《はらわた》のくさったやつ」などと罵倒《ばとう》して、心底きらったという。正信《まさのぶ》は、それらの武将《ぶしょう》に配慮《はいりょ》して、相模《さがみ》の二万二千石《ごく》しか領地をもたず、加増《かぞう》もことわっていたという。

正信《まさのぶ》は、晩年《ばんねん》まで徳川幕府《とくがわばくふ》のために心血をそそぎ、病没《びょうぼつ》した。

仁王胴《におうどう》の鎧《よろい》がにあう正信《まさのぶ》 家康《いえやす》から「友」とよばれる

本多正信《ほんだまさのぶ》が所用した甲冑《かっちゅう》は不明だが、テレビドラマなどでは、鉄板に肋骨《ろっこつ》や乳首《ちくび》などをうちだした、裸体《らたい》のようなデザインの鎧《よろい》を着用していることがある。この鎧《よろい》は実際《じっさい》にあるもので、仁王《におう》の体をかたどった仁王胴《におうどう》とよばれる。

正信《まさのぶ》は、江戸幕府《えどばくふ》成立後の活躍《かつやく》がめだつことから、「戦国武将《せんごくぶしょう》」にかぞえられないこともある。また、本多忠勝《ほんだただかつ》などの武断派《ぶだんは》に美談が多く、文《ぶん》治派《ちは》の正信《まさのぶ》がかすんでいることも否《いな》めない。しかし、徳川家康《とくがわいえやす》は正信を「友」とよび、寝室《しんしつ》へ自由に出入りさせるほど重用《ちょうよう》していたという。

※「武断派《ぶだんは》」とは、おもに軍事で活躍《かつやく》した武将《ぶしょう》で、「文治派《ぶんちは》」とは、おもに政治《せいじ》で活躍《かつやく》した武将《ぶしょう》です。

源氏車《げんじぐるま》に矢筈《やはず》

服《はっ》部《とり》半《はん》蔵《ぞう》

生没年《せいぼつねん》 一五四二年〜一五九六年

出身地《しゅっしんち》 三河《みかわ》(愛知県《あいちけん》)

居城《きょじょう》 不明

甲冑《かっちゅう》 不明

武器《ぶき》 不明

「伊賀越《いがご》え」を完遂《かんすい》させた徳川家臣《とくがわかしん》の伊賀流忍者《いがりゅうにんじゃ》

伊賀忍者《いがにんじゃ》の首領《しゅりょう》で、徳川家康《とくがわいえやす》の家臣《かしん》。「伊賀越《いがご》え」で先導役《せんどうやく》をつとめ、家康《いえやす》の窮地《きゅうち》をすくった。半蔵《はんぞう》とは通称《つうしょう》で、本名は正成《まさなり》。なお、服部半蔵《はっとりはんぞう》の名は歴代当主にうけつがれるもので、正成《まさなり》は二代目にあたる。また、服部氏《はっとりし》は代々徳川家《だいだいとくがわけ》につかえ、正成《まさなり》は家康《いえやす》のもとで活躍《かつやく》したことで、後世に名をのこす。

服部半蔵《はっとりはんぞう》は、三河《みかわ》の伊賀忍者《いがにんじゃ》を支配《しはい》する服部家《はっとりけ》にうまれ、青年期に家康《いえやす》につかえた。伊賀衆《いがしゅう》といわれる忍者《にんじゃ》を少人数したがえて、城攻《しろぜ》めや夜襲《やしゅう》などの奇襲《きしゅう》作戦を担当《たんとう》し、戦功《せんこう》をあげる。また、甲賀衆《こうかしゅう》の忍者《にんじゃ》ともつうじていて、いかなる土地や状況《じょうきょう》でも作戦を完遂《かんすい》した。

本能寺《ほんのうじ》の変《へん》で信長《のぶなが》が死亡《しぼう》した際《さい》、わずかな家臣《かしん》と河内《かわち》にいた家康《いえやす》は、明智光秀《あけちみつひで》の軍勢《ぐんぜい》や、混乱《こんらん》につけこむ落《お》ち武者《むしゃ》狩《が》りに周囲をかこまれ、絶体絶命《ぜったいぜつめい》の危機《きき》に直面する。なんとしても領国《りょうごく》にかえりたい家康《いえやす》は、半蔵《はんぞう》に先導役《せんどうやく》をたのみ、忍者《にんじゃ》しか知らないけわしい山道をぬけるという「伊賀越《いがご》え」を決行する。半蔵《はんぞう》は、伊賀衆《いがしゅう》と甲賀衆《こうかしゅう》を動員して、甲賀《こうか》から伊賀《いが》、そして三河《みかわ》へと家康《いえやす》をみちびき、その命をすくった。

半蔵《はんぞう》は、江戸城《えどじょう》のちかくに屋敷《やしき》をかまえて、城《しろ》の門の警護《けいご》をまかされた。現在《げんざい》ものこる皇居《こうきょ》の半蔵《はんぞう》門《もん》は、この門を守った半蔵《はんぞう》の名に由来するともいわれる。

家康《いえやす》の息子が死罪《しざい》となり 非情《ひじょう》な忍者《にんじゃ》が涙《なみだ》する

服部半蔵《はっとりはんぞう》の甲冑《かっちゅう》や武器《ぶき》は不明だが、古い文献《ぶんけん》には、三方ヶ原《みかたがはら》の戦《たたか》いで武功《ぶこう》をあげて、徳川家康《とくがわいえやす》から槍《やり》をさずけられたとある。

徳川家康《とくがわいえやす》の息子の信康《のぶやす》が、織田信長《おだのぶなが》に謀叛《むほん》をうたがわれて死罪《しざい》となった際《さい》、半蔵《はんぞう》は、切腹《せっぷく》につきそって首をおとす役である介錯人《かいしゃくにん》をつとめた。しかし、「恩《おん》をうけている主《あるじ》に、刃《やいば》をむけることができない」と涙《なみだ》をながして、介錯《かいしゃく》をはたせなかった。それを知った家康《いえやす》は、「半蔵《はんぞう》ほどの鬼《おに》でも、主君《しゅくん》の子は斬れないか」といって、半蔵《はんぞう》への評価《ひょうか》をたかめたという。

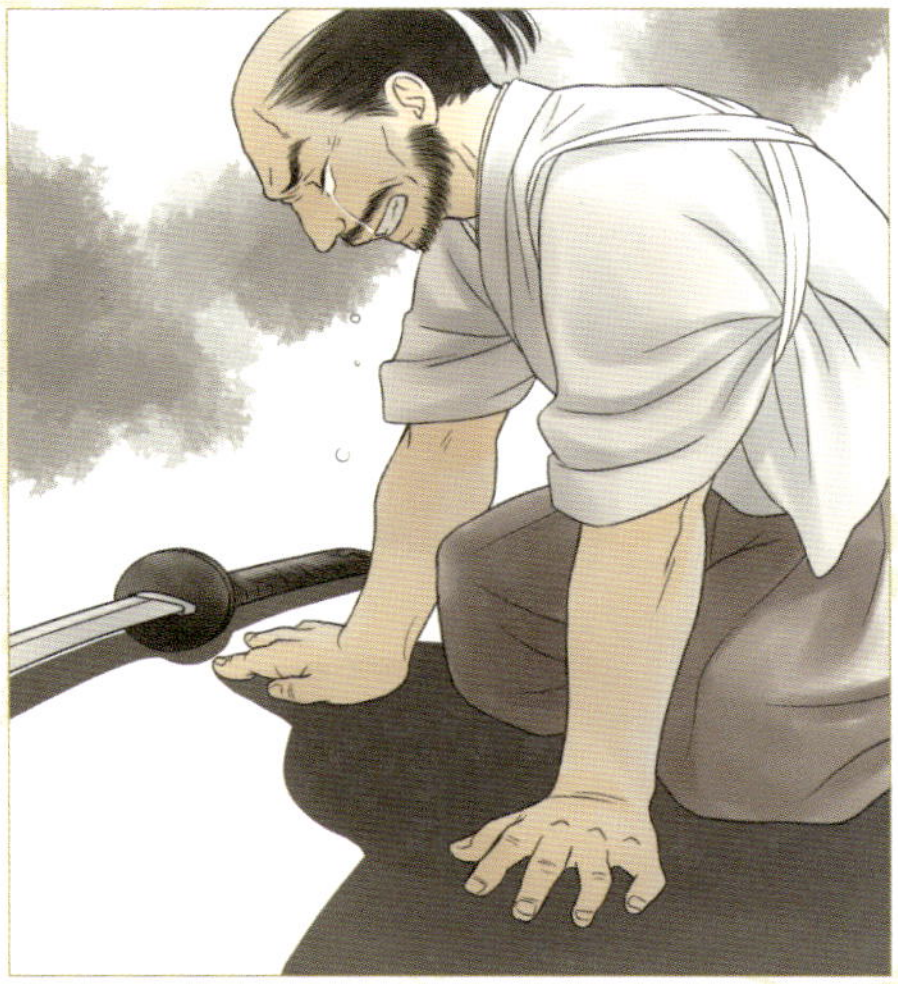

藤堂蔦《とうどうづた》

藤堂高虎《とうどうたかとら》

生没年《せいぼつねん》　一五五六年～一六三〇年

出身地《しゅっしんち》　近江《おうみ》（滋賀県《しがけん》）

居城《きょじょう》　津城《つじょう》（三重県《みえけん》）

甲冑《かっちゅう》　紅糸胸白威二枚胴具足《べにいとむなじろおどしにまいどうぐそく》

武器《ぶき》　大兼光《おおかねみつ》

複数《ふくすう》の主君《しゅくん》につかえて運命を切りひらいた武将《ぶしょう》

農民から身をたてて、何度も主《しゅ》君《くん》をかえながら乱世《らんせ》をのりこえた武将《ぶしょう》。江戸時代《えどじだい》に津藩《つはん》をひらいた。築城《ちくじょう》の名手としても有名。

藤堂高虎《とうどうたかとら》は、土豪《どごう》から農民にまで没落《ぼつらく》していた藤堂家《とうどうけ》の次男にうまれ、青年期に浅井長政《あざいながまさ》の足軽《あしがる》になった。姉川《あねがわ》の戦《たたか》いで武功《ぶこう》をあげて長政《ながまさ》から賞賛《しょうさん》されたが、織田信《おだのぶ》長《なが》の侵攻《しんこう》で浅井氏《あざいし》が滅亡《めつぼう》。高虎《たかとら》は、浅井氏《あざいし》旧臣《きゅうしん》の阿閉貞征《あつじさだゆき》につかえ、その後、磯野員昌《いそのかずまさ》、織田家《おだけ》の津田《つだ》信澄《のぶずみ》、豊臣秀長《とよとみひでなが》、豊臣秀保《とよとみひでやす》と、主《しゅ》君《くん》を転々《てんてん》とかえる。その間、多くの合戦で武功《ぶこう》をかさね、城《しろ》づくりの才能《さいのう》も開花させた高虎《たかとら》は、豊臣《とよとみ》秀長《ひでなが》の家臣《かしん》時代に一万石《ごく》の領地《りょうち》をえて大名となる。しかし、秀長《ひでなが》が病死し、つぎの主君《しゅくん》の秀保《ひでやす》も急逝《きゅうせい》するという不運がかさなり、高虎《たかとら》は、武士《ぶし》をすてて出家した。

すると、その才能《さいのう》を知っていた豊臣秀吉《とよとみひでよし》に仕官《しかん》を要請《ようせい》され、ふたたび武士《ぶし》となり、伊予《いよ》に七万石《ごく》の領地《りょうち》をえる。秀吉《ひでよし》のもとではたらきつつ、徳川家康《とくがわいえやす》と親交をむすび、秀吉《ひでよし》の死後には家康《いえやす》に従属《じゅうぞく》して、関ヶ原《せきがはら》の戦《たたか》いや大坂《おおさか》の役《えき》でめざましい活躍《かつやく》をおさめた。

江戸時代《えどじだい》、高虎《たかとら》は、家康《いえやす》から三十二万石《ごく》の領地《りょうち》をあたえられて津藩《つはん》をひらいた。そして、江戸城《えどじょう》の改築《かいちく》など、数々《かずかず》の事業を手がけたのち、その非凡《ひぼん》な生涯《しょうがい》をとじた。

「七度主君《しゅくん》をかえねば」実力で成功した高虎《たかとら》の格言《かくげん》

紅糸胸白威二枚胴具足《べにいとむなじろおどしにまいどうぐそく》（大阪城天守閣蔵《おおさかじょうてんしゅかくぞう》）は、藤堂高虎《とうどうたかとら》が大坂冬《おおさかふゆ》の陣《じん》で着用したとつたわる。大兼光《おおかねみつ》（佐野美術館蔵《さのびじゅつかんぞう》）は、豊臣秀吉《とよとみひでよし》の形見《かたみ》わけとして、高虎《たかとら》がうけとった刀。高虎《たかとら》は、のちにこの刀を徳川家《とくがわけ》に献上《けんじょう》している。

高虎《たかとら》は、家訓《かくん》や遺言《ゆいごん》などで、多くの格言《かくげん》をのこしている。「武士《ぶし》たるもの七度主君《しゅくん》をかえねば武士《ぶし》とはいえぬ」は、高虎《たかとら》の実力主義《じつりょくしゅぎ》をものがたる。「仁義礼智信《じんぎれいちしん》、ひとつでも欠ければ諸々《しょしょ》の道は成就《じょうじゅ》しがたい」や「人の善悪《ぜんあく》は友によってきまる」は、高虎《たかとら》の人生観がでている。

藤巴《ふじどもえ》

黒田長政《くろだながまさ》

生没年《せいぼつねん》　一五六八年～一六二三年

出身地《しゅっしんち》　播磨《はりま》（兵庫県《ひょうごけん》）

居城《きょじょう》　福岡城《ふくおかじょう》（福岡県《ふくおかけん》）

甲冑《かっちゅう》　黒糸威胴丸具足《くろいとおどしどうまるぐそく》

武器《ぶき》　一国長吉《いっこくながよし》

軍師《ぐんし》官兵衛《かんべえ》の跡《あと》とり 関ヶ原《せきがはら》東軍《とうぐん》勝利の立役者《たてやくしゃ》

豊臣秀吉《とよとみひでよし》、徳川家康《とくがわいえやす》につかえた武将《ぶしょう》で、秀吉《ひでよし》の軍師《ぐんし》、黒田官兵衛《くろだかんべえ》の息子。関ヶ原《せきがはら》の戦《たたか》いで徳川方東《とくがわがたとう》軍《ぐん》の勝利に大きく貢献《こうけん》し、江戸時《えどじ》代《だい》に福岡藩《ふくおかはん》をひらいた。

黒田長政《くろだながまさ》は、天才軍師《てんさいぐんし》として名高い黒田官兵衛《くろだかんべえ》の長男にうまれたが、少年時代、信長《のぶなが》に処刑《しょけい》されそうになる。官兵衛《かんべえ》が敵将《てきしょう》に幽閉《ゆうへい》されて行方不明《ゆくえふめい》になり、主君《しゅくん》の信長《のぶなが》が官兵衛《かんべえ》の謀叛《むほん》をうたがったのだ。その際《さい》、官兵衛《かんべえ》と親交をふかめていた軍師《ぐんし》の竹中半兵衛《たけなかはんべえ》が長政《ながまさ》をかくまい、命びろいする。のちに官《かん》兵衛《べえ》は帰還《きかん》し、嫌疑《けんぎ》もはれた。

長政《ながまさ》は、父の官兵衛《かんべえ》とともに、秀吉家臣《ひでよしかしん》として各地を転戦し、一五八九年に黒田家《くろだけ》当主の座《ざ》をうけついだ。朝鮮出兵《ちょうせんしゅっぺい》にも従軍《じゅうぐん》したが、そこでの苦労が、渡海《とかい》した諸《しょ》将《しょう》と同様に、本国から指示《しじ》だけおくる石田三成《いしだみつなり》への不満につながる。秀吉《ひでよし》の死後、徳川家康《とくがわいえやす》に接近《せっきん》した長政《ながまさ》は、小早川秀秋《こばやかわひであき》を調略《ちょうりゃく》して、関ヶ原《せきがはら》の戦《たたか》いで寝返《ねがえ》らせた。さらに、西軍《せいぐん》の島左近《しまさこん》を鉄砲隊《てっぽうたい》の狙撃《そげき》で討《う》ちとった。戦後、東軍《とうぐん》勝利の一番の功労者として家康《いえやす》から絶賛《ぜっさん》されたが、父の官兵衛《かんべえ》からは、動《どう》乱《らん》を長びかせて天下をねらうべきだったと、叱咤《しった》されたという。

この戦功で、筑前《ちくぜん》に五十二万三千石《ごく》をえた長政《ながまさ》は、福岡城《ふくおかじょう》をきずき、江戸時代《えどじだい》に福岡藩《ふくおかはん》をひらいた。

福島正則《ふくしままさのり》と交換《こうかん》した兜《かぶと》 「一《いち》ノ谷《たに》の戦《たたか》い」をデザイン

黒糸威胴丸具足《くろいとおどしどうまるぐそく》（福岡市博物館蔵《ふくおかしはくぶつかんぞう》）は、黒田《くろだ》長政《ながまさ》が、関ヶ原《せきがはら》の戦《たたか》いと大坂夏《おおさかなつ》の陣《じん》で着用したとつたわる。兜《かぶと》は、源義経《みなもとのよしつね》が一《いち》ノ谷《たに》の戦《たたか》いで活《かつ》躍《やく》したことにあやかり、一《いち》ノ谷《たに》の断崖絶壁《だんがいぜっぺき》がデザインされている。この兜《かぶと》は、もとは福島正則《ふくしままさのり》のもので、朝鮮出兵《ちょうせんしゅっぺい》の際《さい》に不和になったふたりは、帰国後に、和解《わかい》の証《あかし》として、おたがいの兜《かぶと》を交換《こうかん》したのだという。

一国長吉《いっこくながよし》（福岡市博物館蔵《ふくおかしはくぶつかんぞう》）は、長政《ながまさ》が初陣《ういじん》から愛用しつづけた槍《やり》で、武功《ぶこう》をかさねて筑前《ちくぜん》一国を手にいれたことから、その名がついた。

祇園守《ぎおんまもり》

立花宗茂《たちばなむねしげ》

甲冑《かっちゅう》 伊予札縫延栗色革包仏丸胴具足《いよざねぬいのべくりいろかわつつみほとけまるどうぐそく》

武器《ぶき》 雷切《らいきり》

生没年《せいぼつねん》 一五六七年ごろ～一六四二年

出身地《しゅっしんち》 豊後《ぶんご》（大分県《おおいたけん》）

居城《きょじょう》 柳川城《やながわじょう》（福岡県《ふくおかけん》）

改易《かいえき》から奇跡《きせき》の復活《ふっかつ》　西国無双《さいごくむそう》といわれた勇将《ゆうしょう》

数々《かずかず》の合戦で戦果をあげ、豊臣《とよとみ》秀吉《ひでよし》から西国無双《さいごくむそう》と絶賛《ぜっさん》された武将《ぶしょう》。関ヶ原《せきがはら》の戦《たたか》いで西軍《せいぐん》に加勢《かせい》して、改易《かいえき》（領地《りょうち》や身分や城《しろ》の没収《ぼっしゅう》）されたが、復活《ふっかつ》をとげた。

立花宗茂《たちばなむねしげ》は、豊後《ぶんご》の大名である大友宗麟《おおともそうりん》の重臣《じゅうしん》、高橋紹運《たかはしじょううん》の息子で、おなじく大友《おおとも》氏《し》の重臣《じゅうしん》、立花《たちばな》道雪《どうせつ》の養子になった。道雪《どうせつ》は「雷神《らいじん》」とよばれた猛将《もうしょう》で、紹運《じょううん》も道雪《どうせつ》と同等に強く、宗茂《むねしげ》は、このふたりから合戦をまなぶ。

道雪《どうせつ》が病没《びょうぼつ》し、宗茂《むねしげ》が立花家《たちばなけ》をつぐと、島津《しまづ》氏《し》の台頭《たいとう》で大友《おおとも》氏《し》が衰退《すいたい》し、紹運《じょううん》も戦死《せんし》した。宗茂《むねしげ》も居城《きょじょう》を島津軍《しまづぐん》に包囲されたが、秀吉《ひでよし》の九州平定《きゅうしゅうへいてい》までもちこたえる。

その武勇《ぶゆう》に感激《かんげき》した秀吉《ひでよし》は、宗茂《むねしげ》に筑後《ちくご》をあたえて大名にとりたて、小田原征伐《おだわらせいばつ》の際《さい》は、「本多忠勝《ほんだただかつ》は東国無双《とうごくむそう》、立花宗茂《たちばなむねしげ》は西国無双《さいごくむそう》」と諸将《しょしょう》に紹介《しょうかい》したという。

宗茂《むねしげ》は、秀吉《ひでよし》の期待にこたえて各地の合戦で活躍《かつやく》し、朝鮮出兵《ちょうせんしゅっぺい》でも明《みん》（中国《ちゅうごく》）の大軍に勝利した。関ヶ原《せきがはら》の戦《たたか》いでは、豊臣家《とよとみけ》への恩義《おんぎ》から西軍《せいぐん》につくも、敗北して降伏《こうふく》。宗茂《むねしげ》は、徳川家康《とくがわいえやす》によって改易《かいえき》され、浪人《ろうにん》にまで身をおとした。

その後、本多忠勝《ほんだただかつ》や加藤清正《かとうきよまさ》の助力もあって、領地《りょうち》一万石《ごく》の大名に復帰《ふっき》する。大坂《おおさか》の役《えき》では徳川方《とくがわがた》で奮戦《ふんせん》した宗茂《むねしげ》は、筑後《ちくご》の領地《りょうち》をかえされて、柳川藩《やながわはん》をひらいた。

雷《かみなり》を切ったおそるべき逸話《いつわ》
道雪《どうせつ》からうけついだ刀

伊予札縫延栗色革包仏丸胴具足《いよざねぬいのべくりいろかわつつみほとけまるどうぐそく》（立花家史料館蔵《たちばなけしりょうかんぞう》）は、兜《かぶと》の後立《うしろだて》に、ニワトリの一種である唐丸《とうまる》の羽根がついている。立花宗茂《たちばなむねしげ》が所用したとつたえられ、関ヶ原《せきがはら》の戦《たたか》い以前に制作《せいさく》されたものとかんがえられている。

雷切《らいきり》（立花家史料館蔵《たちばなけしりょうかんぞう》）は、養父の立花道雪《たちばなどうせつ》もつかっていた刀。夕立《ゆうだち》にあった道雪《どうせつ》が、頭上におちてきた雷《かみなり》をこの刀で切りさいた逸話《いつわ》から、その名がついた。その後、宗茂《むねしげ》がこの刀をうけつぎ、数々《かずかず》の合戦で武功《ぶこう》をあげる。宗茂《むねしげ》の死後は、柳川藩主《やながわはんしゅ》の立花家《たちばなけ》に代々《だいだい》うけつがれた。

下《さ》がり藤《ふじ》

後《ご》藤《とう》又《また》兵《べ》衛《え》

生没年《せいぼつねん》　一五六〇年ごろ～一六一五年

出身地《しゅっしんち》　播磨《はりま》(兵庫県《ひょうごけん》)

居城《きょじょう》　大隈城《おおぐまじょう》(福岡県《ふくおかけん》)

甲冑《かっちゅう》　日月竜文蒔絵仏胴具足《じつげつりゅうもんまきえほとけどうぐそく》

武器《ぶき》　不明

大坂《おおさか》を死に場所にえらんだ 剛直《ごうちょく》な闘将《とうしょう》「槍《やり》の又兵衛《またべえ》」

豊臣方《とよとみがた》から大坂《おおさか》の役《えき》に参戦し、名だたる敵将《てきしょう》たちと激闘《げきとう》した武将《ぶしょう》。又兵衛《またべえ》は通称《つうしょう》で、本名は基次《もとつぐ》。槍《やり》の名手で、「槍《やり》の又兵衛《またべえ》」の異名《いみょう》をもつ。

後藤又兵衛《ごとうまたべえ》は、豊臣秀吉《とよとみひでよし》の軍師《ぐんし》、黒田官兵衛《くろだかんべえ》に仕官《しかん》して家臣《かしん》となり、官兵衛《かんべえ》の息子の長政《ながまさ》が家督《かとく》をついだのちも、黒田家《くろだけ》につかえた。ただ、長政《ながまさ》とは相性《あいしょう》がわるく、意見の相違《そうい》でたびたび衝突《しょうとつ》したという。

関ヶ原《せきがはら》の戦《たたか》いで、黒田長政《くろだながまさ》は徳《とく》川方《がわがた》に味方し、又兵衛《またべえ》も、石田三《いしだみつ》成軍《なりぐん》の武将《ぶしょう》に一騎打《いっきう》ちで勝利するなどの戦功をあげた。戦後、長政《ながまさ》が福岡藩《ふくおかはん》をひらき、又兵衛《またべえ》は大隈《おおぐま》城《じょう》をあたえられる。しかし、長政《ながまさ》との不仲がいよいよ深刻化《しんこくか》し、又《また》兵衛《べえ》は城《しろ》をすてて脱藩《だっぱん》した。その後、他家への仕官《しかん》をこころみたがかなわず、きびしい浪人《ろうにん》生活をしいられる。そこへ、豊臣秀頼《とよとみひでより》からの要請《ようせい》があり、大坂《おおさか》に身をよせた。

一六一四年、大坂冬《おおさかふゆ》の陣《じん》が勃発《ぼっぱつ》。又兵衛《またべえ》は、真田信繁《さなだのぶしげ》らとともに豊《とよ》臣方《みがた》から参戦し、徳川方《とくがわがた》の佐竹義《さたけよし》宣《のぶ》、上杉景勝《うえすぎかげかつ》、直江兼続《なおえかねつぐ》らと激闘《げきとう》をくりひろげて敵《てき》を撃退《げきたい》し、武勇《ぶゆう》を天下にとどろかせた。翌年《よくとし》の大《おお》坂夏《さかなつ》の陣《じん》では、伊達政宗《だてまさむね》、片倉重《かたくらしげ》長《なが》らと猛戦《もうせん》。「源平《げんぺい》の合戦《かっせん》以来」といわれたこの死闘《しとう》のさなか、又《また》兵衛《べえ》は、伊達軍《だてぐん》の鉄砲隊《てっぽうたい》に狙撃《そげき》されて、壮絶《そうぜつ》な最期をとげた。

大坂夏《おおさかなつ》の陣《じん》で孤軍奮闘《こぐんふんとう》 その名を歴史にきざむ

日月竜文蒔絵仏胴具足《じつげつりゅうもんまきえほとけどうぐそく》（大阪城天守閣蔵《おおさかじょうてんしゅかくぞう》）は、後藤又兵衛《ごとうまたべえ》所用とつたわる甲冑《かっちゅう》で、胸《むね》に太陽と月、腹《はら》に竜《りゅう》が、蒔絵《まきえ》でえがかれている。兜《かぶと》の上部には獣《けもの》の毛がうえられ、前立《まえだて》には獅子《しし》がつく。

又兵衛《またべえ》は、大坂《おおさか》の役《えき》での活躍《かつやく》で歴史に名をのこした。大坂冬《おおさかふゆ》の陣《じん》のあと、大坂城《おおさかじょう》の堀《ほり》をうめられた豊臣方《とよとみがた》は、大坂夏《おおさかなつ》の陣《じん》では城外《じょうがい》でたたかうしかなかった。せまる徳川軍《とくがわぐん》に対し、先行した又兵衛《またべえ》の隊は、夜明け前に攻撃《こうげき》を決行。しかし、濃霧《のうむ》で後続の味方と合流できず、孤軍《こぐん》で奮《ふん》戦《せん》するも又兵衛《またべえ》は戦死し、隊も壊滅《かいめつ》した。

六連銭《ろくれんせん》

真《さな》田《だ》信《のぶ》繁《しげ》

生没年《せいぼつねん》 一五六七年～一六一五年

出身地《しゅっしんち》 信濃《しなの》（長野県《ながのけん》）

居城《きょじょう》 なし

甲冑《かっちゅう》 南蛮胴総革威《なんばんどうそうかわおどし》

武器《ぶき》 大千鳥十文字槍《おおちどりじゅうもんじやり》

真田丸《さなだまる》で徳川軍《とくがわぐん》を撃退《げきたい》 命もやした「日本一《ひのもといち》の兵《つわもの》」

大坂《おおさか》の役《えき》で、真田丸《さなだまる》の砦《とりで》で徳川《とくがわ》軍《ぐん》を撃退《げきたい》した武将《ぶしょう》。幸村《ゆきむら》の名で知られるが、この名は後世の創作《そうさく》とされる。父は真田昌幸《さなだまさゆき》、兄は信之《のぶゆき》。

真田信繁《さなだのぶしげ》は、青年期のほとんどを、豊臣秀吉《とよとみひでよし》を警護《けいご》する馬廻衆《うままわりしゅう》としてすごした。関ケ原《せきがはら》の戦《たたか》いでは、父昌幸《まさゆき》とともに西軍《せいぐん》に味方し、敗戦をむかえる。本来は死罪《しざい》となるところを、あえて徳川方《とくがわがた》についた兄信之《のぶゆき》のとりなしで、紀伊《きい》の九度《くど》山《やま》にながされた。しかし、その地で昌幸《まさゆき》は病死し、信繁《のぶしげ》も、長期間のきびしい幽閉《ゆうへい》生活をしいられる。

一六一四年、徳川家康《とくがわいえやす》が、大坂《おおさか》城《じょう》の豊臣秀頼《とよとみひでより》を攻撃《こうげき》するうごきを見せる。秀頼《ひでより》は、全国の浪人《ろうにん》に加《か》勢《せい》を打診《だしん》。信繁《のぶしげ》もそれをうけとり、九度山《くどやま》を脱出《だっしゅつ》して、大坂城《おおさかじょう》にはいった。大将《たいしょう》のひとりに任命《にんめい》された信繁《のぶしげ》は、城《しろ》の南側の弱点を見ぬき、真田丸《さなだまる》とよばれる砦《とりで》をきずく。

大坂冬《おおさかふゆ》の陣《じん》で、信繁《のぶしげ》は、敵軍《てきぐん》を真田丸《さなだまる》におびきよせ、奇襲《きしゅう》や一斉《いっせい》射撃《しゃげき》をくりかえすという戦法で大《だい》打撃《だげき》をあたえ、合戦を引分《ひきわけ》にもちこんだ。しかし、和睦《わぼく》時《じ》に真田丸《さなだまる》はこわされ、翌年《よくとし》に家康《いえやす》が再攻撃《さいこうげき》をはじめる。この大坂夏《おおさかなつ》の陣《じん》で、信繁《のぶしげ》は敵本陣《てきほんじん》に突撃《とつげき》し、家康《いえやす》に肉《にく》薄《はく》するも、負傷《ふしょう》して討《う》ちとられた。

戦後、信繁《のぶしげ》は、敵味方《てきみかた》の諸将《しょしょう》から「日本一《ひのもといち》の兵《つわもの》」と賞賛《しょうさん》され、後世まで名をのこした。

「真田《さなだ》の赤備《あかぞな》え」も有名 家康《いえやす》めがけて本陣《ほんじん》に突撃《とつげき》

真田信繁《さなだのぶしげ》が所用したという南蛮胴総革威《なんばんどうそうかわおどし》（個《こ》人蔵《じんぞう》）は、兜《かぶと》の前立《まえだて》に金の鹿角《しかづの》がほどこされている。大坂《おおさか》の役《えき》で、信繁《のぶしげ》の隊は、赤い甲冑《かっちゅう》で統《とう》一《いつ》した「真田《さなだ》の赤備《あかぞな》え」だったことで有名だが、一説には、赤備《あかぞな》えは大坂夏《おおさかなつ》の陣《じん》だけ着用していたとされる。大千鳥十文字槍《おおちどりじゅうもんじやり》（真田宝物資料館《さなだほうもつしりょうかん》蔵《ぞう》）は、現在《げんざい》では槍《やり》の刃《は》のみがつたわる。

大坂夏《おおさかなつ》の陣《じん》で、豊臣軍《とよとみぐん》の敗北をさとった信繁《のぶしげ》は、徳川家康《とくがわいえやす》の首をねらい、本陣《ほんじん》にむかって三度にわたり突撃《とつげき》した。その鬼気《きき》せまる猛攻《もうこう》に、家康《いえやす》は死を覚悟《かくご》したという。

戦国豆知識《せんごくまめちしき》

戦国武将《せんごくぶしょう》にまつわる素朴《そぼく》な疑問《ぎもん》や意外な事実を、質問《しつもん》と回答のかたちで紹介《しょうかい》します。戦国期の豆知識《まめちしき》としてご覧《らん》ください。

Q1 北海道《ほっかいどう》や沖縄県《おきなわけん》に、戦国武将《せんごくぶしょう》はいなかったの？

A1 北海道《ほっかいどう》は蝦夷地《えぞち》とよばれ、アイヌ民族が住んでいました。安土《あづち》・桃山時代《ももやまじだい》に、蠣崎慶広《かきざきよしひろ》（のちに松前慶広《まつまえよしひろ》と改名）という武将《ぶしょう》が北海道《ほっかいどう》の南端《なんたん》にある渡島半島《おしまはんとう》の南部を支配《しはい》し、江戸時代《えどじだい》初期に、松前藩《まつまえはん》をひらきました。

沖縄県《おきなわけん》は琉球《りゅうきゅう》とよばれ、琉球王国《りゅうきゅうおうこく》がありました。1609年に、薩摩藩《さつまはん》（鹿児島県《かごしまけん》）の島津氏《しまづし》が江戸幕府《えどばくふ》の承認《しょうにん》をえて琉球《りゅうきゅう》へと侵攻《しんこう》し、実質的《じっしつてき》な支配下《しはいか》におきました。

島津義久《しまづよしひさ》

豊臣秀吉《とよとみひでよし》

徳川家康《とくがわいえやす》

Q2 関白《かんぱく》と征夷大将軍《せいいたいしょうぐん》、どちらがえらい？

A2 関白《かんぱく》とは、朝廷《ちょうてい》によって任命《にんめい》される官職《かんしょく》で、天皇《てんのう》を補佐《ほさ》して政務《せいむ》をとりおこなう重職《じゅうしょく》です。官位《かんい》としては、最高位の正一位《しょういちい》の下にあたる、従一位《じゅいちい》です。征夷大将軍《せいいたいしょうぐん》も、朝廷《ちょうてい》によって任命《にんめい》される官職《かんしょく》で、すべての武家《ぶけ》の頂点《ちょうてん》に位置しますが、位階《いかい》の規定《きてい》がありません。

関白《かんぱく》の豊臣秀吉《とよとみひでよし》は従一位《じゅいちい》です。一方、征夷大将軍《せいいたいしょうぐん》の徳川家康《とくがわいえやす》は、従一位《じゅいちい》の右大臣《うだいじん》を兼任《けんにん》していました。ふたりの位階《いかい》はおなじですが、より天皇《てんのう》にちかい役職《やくしょく》である関白《かんぱく》のほうが、制度的《せいどてき》には権力《けんりょく》があったとかんがえられます。

ただし、これら上下関係の制度《せいど》がしっかりと機能《きのう》したのは、平安時代《へいあんじだい》まででした。室町時代《むろまちじだい》には足利将軍家《あしかがしょうぐんけ》の権勢《けんせい》が朝廷《ちょうてい》をしのぎ、戦国時代《せんごくじだい》にはいると将軍家《しょうぐんけ》の権威《けんい》が失墜《しっつい》します。位階《いかい》という制度《せいど》がゆらいでいる時代において、豊臣秀吉《とよとみひでよし》と徳川家康《とくがわいえやす》のどちらが上位であるかはっきりときめられませんが、それぞれが、その時代の最高権力者《さいこうけんりょくしゃ》として君臨《くんりん》したといえるでしょう。

Q3 刀や槍《やり》は、実戦で破損《はそん》した？

A3 日本の刀は、敵《てき》を「斬《き》る」ために、うすく鋭利《えいり》につくられています。そのため、かたいものを斬《き》ったり、敵《てき》と刀をまじえたりすると、しばしば欠けたり折れたりしました。刀の刃《は》が欠けることを「刃《は》こぼれ」といい、刃《は》こぼれしたものは研《と》ぎなおします。とはいえ、何度も研《と》いでいくと刀身がみじかくなり、はじめは太刀《たち》だったものが、のちに短刀になったというケースもあります。

槍《やり》は、敵《てき》をつきさすほかに、打撃武器《だげきぶき》としてもつかわれたため、刀よりも破損《はそん》が顕著《けんちょ》なようで、多くが合戦中にうしなわれたようです。現存《げんぞん》するものも、柄《つか》がなかったり、十文字槍《じゅうもんじやり》の片刃《かたば》が折れていたりと、かなりの損傷《そんしょう》が見られるものがあります。

Q4 騎馬《きば》につける鎧《よろい》はあった？

A4 戦国時代以降《せんごくじだいいこう》に、「馬甲《ばこう》」とよばれる騎馬用《きばよう》の鎧《よろい》がつかわれました。馬の顔の正面に仮面《かめん》のような装甲《そうこう》をつけ、首から尻《しり》までの全身を、青銅製《せいどうせい》（または鉄製《てつせい》）の小札《こざね》をつらねてつくった鎧《よろい》でおおいました。見ためはとても派手《はで》ですが、重くてうごきづらいために実戦にはむかず、合戦前に敵《てき》を威嚇《いかく》するためや、儀式《ぎしき》のために装着《そうちゃく》したそうです。

Q5 鎧《よろい》を着るのは大変だった？

A5 鎧《よろい》の装着《そうちゃく》手順は、次のように、とても大変でした。

❶褌《ふんどし》をしめる。❷鎧下着《よろいしたぎ》といううすい布製《ぬのせい》の上着を着る。
❸袴《はかま》をはく。
❹足袋《たび》をはき、脛巾《はばき》という布製《ぬのせい》の脛《すね》あてをまいて、草鞋《ぞうり》をはく。
❺鉄や革《かわ》でつくられた臑当《すねあて》をまく。
❻腿《もも》と膝《ひざ》を守る佩盾《はいだて》、手袋《てぶくろ》のような防具《ぼうぐ》の弓懸《ゆがけ》をつける。
❼腕《うで》と手の甲《こう》を守る籠手《こて》をつけ、ベストのような満智羅《まんちら》を着る。
❽鎧《よろい》の胴《どう》を装着《そうちゃく》し、肩《かた》を守る袖《そで》をつける。❾刀を胴《どう》にとりつける。
❿顔面や喉《のど》を守る面頬《めんぼお》をつける。⓫兜《かぶと》を装着《そうちゃく》する。

Q6 現存《げんぞん》している昔の城《しろ》は？

A6 江戸時代《えどじだい》以前にきずかれた天守《てんしゅ》をもつ城《しろ》で、現存《げんぞん》しているものは12城《じょう》あり、「現存天守《げんぞんてんしゅ》十二城《じょう》」ともよばれます。

全国に多数あった城《しろ》は、天災《てんさい》や戦災《せんさい》、老朽化《ろうきゅうか》による廃城《はいじょう》などでうしなわれました。城《しろ》が文化財《ぶんかざい》としてあつかわれはじめたのは、明治《めいじ》時代《じだい》後期からです。

城《しろ》の名前	所在地《しょざいち》	おもな城主《じょうしゅ》
弘前城《ひろさきじょう》	青森県《あおもりけん》	津軽為信《つがるためのぶ》
松本城《まつもとじょう》	長野県《ながのけん》	石川数正《いしかわかずまさ》
丸岡城《まるおかじょう》	福井県《ふくいけん》	柴田勝豊《しばたかつとよ》
犬山城《いぬやまじょう》	愛知県《あいちけん》	成瀬正成《なるせまさなり》
彦根城《ひこねじょう》	滋賀県《しがけん》	井伊直継《いいなおつぐ》
姫路城《ひめじじょう》	兵庫県《ひょうごけん》	池田輝政《いけだてるまさ》
備中松山城《びっちゅうまつやまじょう》	岡山県《おかやまけん》	三村元親《みむらもとちか》
松江城《まつえじょう》	島根県《しまねけん》	京極忠高《きょうごくただたか》
丸亀城《まるがめじょう》	香川県《かがわけん》	山崎家治《やまざきいえはる》
松山城《まつやまじょう》	愛媛県《えひめけん》	加藤嘉明《かとうよしあきら》
宇和島城《うわじまじょう》	愛媛県《えひめけん》	藤堂高虎《とうどうたかとら》
高知城《こうちじょう》	高知県《こうちけん》	山内一豊《やまうちかずとよ》

戦国期年表

応仁《おうにん》の乱《らん》の勃発《ぼっぱつ》から徳川家康《とくがわいえやす》の死まで、戦国期のおもなできごとをまとめた年表です。時系列《じけいれつ》をたしかめながら、武将《ぶしょう》たちの活躍《かつやく》に注目してみましょう。

時代《じだい》	西暦《せいれき》	できごと
室町時代《むろまちじだい》後期［戦国時代《せんごくじだい》］	1467	応仁《おうにん》の乱《らん》がおこる。
	1543	種子島《たねがしま》に鉄砲《てっぽう》が伝来する。
	1546	河越夜戦《かわごえやせん》。北条氏康《ほうじょううじやす》が上杉軍《うえすぎぐん》をやぶる。
	1549	フランシスコ・ザビエルがキリスト教の布教《ふきょう》のため来日する。
	1551	織田信長《おだのぶなが》が織田家《おだけ》当主になる。 陶晴賢《すえはるかた》の謀叛《むほん》により大内義隆《おおうちよしたか》が自害する。
	1553	川中島《かわなかじま》の戦《たたか》い（1回目）。武田信玄《たけだしんげん》と上杉謙信《うえすぎけんしん》が合戦する。
	1555	川中島《かわなかじま》の戦《たたか》い（2回目）。 厳島《いつくしま》の戦《たたか》い。毛利元就《もうりもとなり》が陶晴賢《すえはるかた》をやぶる。
	1556	長良川《ながらがわ》の戦《たたか》い。斎藤道三《さいとうどうさん》が息子の義龍《よしたつ》にやぶれて戦死する。
	1557	川中島《かわなかじま》の戦《たたか》い（3回目）。
	1560	桶狭間《おけはざま》の戦《たたか》い。今川義元《いまがわよしもと》が織田信長《おだのぶなが》にやぶれて戦死する。
	1561	川中島《かわなかじま》の戦《たたか》い（4回目）。大激戦《だいげきせん》となる。
	1562	清洲同盟《きよすどうめい》。織田信長《おだのぶなが》と徳川家康《とくがわいえやす》が同盟《どうめい》をむすぶ。
	1564	川中島《かわなかじま》の戦《たたか》い（5回目）。
	1565	将軍足利義輝《しょうぐんあしかがよしてる》が殺害される。
	1566	毛利元就《もうりもとなり》が尼子氏《あまごし》の月山富田城《がっさんとだじょう》をうばう。
	1567	美濃《みの》攻め。織田信長《おだのぶなが》が斎藤氏《さいとうし》をやぶる。

時代《じだい》	西暦《せいれき》	できごと
安土《あづち》・桃山時代《ももやまじだい》	1584	小牧《こまき》・長久手《ながくて》の戦《たたか》い。羽柴秀吉《はしばひでよし》と徳川家康《とくがわいえやす》がたたかい、講和《こうわ》する。 沖田畷《おきたなわて》の戦《たたか》い。島津義久《しまづよしひさ》が龍造寺隆信《りゅうぞうじたかのぶ》をやぶり、隆信《たかのぶ》が戦死する。
	1585	長宗我部元親《ちょうそかべもとちか》が四国《しこく》を統一《とういつ》する。 羽柴秀吉《はしばひでよし》が関白《かんぱく》になる。 四国平定《しこくへいてい》。羽柴秀吉《はしばひでよし》が長宗我部氏《ちょうそかべし》をしたがわせる。 第一次上田合戦《だいいちじうえだかっせん》。真田昌幸《さなだまさゆき》が徳川家康《とくがわいえやす》をやぶる。 人取橋《ひととりばし》の戦《たたか》い。伊達政宗《だてまさむね》が、畠山《はたけやま》・佐竹《さたけ》・蘆名《あしな》の連合軍とあらそう。
	1586	秀吉《ひでよし》が豊臣姓《とよとみせい》になる。
	1587	九州平定《きゅうしゅうへいてい》。豊臣秀吉《とよとみひでよし》が島津氏《しまづし》をしたがわせる。 バテレン追放令《ついほうれい》。豊臣秀吉《とよとみひでよし》がキリスト教を禁止《きんし》する。 惣無事令《そうぶじれい》。豊臣秀吉《とよとみひでよし》が大名間の私闘《しとう》を禁止《きんし》する。
	1588	海賊停止令《かいぞくていしれい》。豊臣秀吉《とよとみひでよし》が海賊行為《かいぞくこうい》を禁止《きんし》する。 刀狩令《かたながりれい》。豊臣秀吉《とよとみひでよし》が農民から武器《ぶき》を没収《ぼっしゅう》する。
	1589	摺上原《すりあげはら》の戦《たたか》い。伊達政宗《だてまさむね》が蘆名氏《あしなし》をほろぼす。
	1590	小田原征伐《おだわらせいばつ》。豊臣秀吉《とよとみひでよし》が北条氏《ほうじょうし》をほろぼす。 伊達政宗《だてまさむね》が豊臣秀吉《とよとみひでよし》にしたがう。 徳川家康《とくがわいえやす》が関東《かんとう》にうつされ、江戸城《えどじょう》にはいる。
	1591	豊臣秀吉《とよとみひでよし》が豊臣秀次《とよとみひでつぐ》に関白《かんぱく》をゆずり、太閤《たいこう》になる。

室町時代《むろまちじだい》後期［戦国時代《せんごくじだい》］

1568　織田信長《おだのぶなが》が足利義昭《あしかがよしあき》を奉《ほう》じて入京《にゅうきょう》、義昭《よしあき》が将軍《しょうぐん》になる。

1570　今山《いまやま》の戦《たたか》い。龍造寺隆信《りゅうぞうじたかのぶ》が大友宗麟《おおともそうりん》をやぶる。
姉川《あねがわ》の戦《たたか》い。織田《おだ》・徳川《とくがわ》連合軍が、浅井《あざい》・朝倉《あさくら》連合軍をやぶる。
石山合戦《いしやまかっせん》。織田信長《おだのぶなが》が石山本願寺《いしやまほんがんじ》を攻撃《こうげき》する。

1571　織田信長《おだのぶなが》が比叡山延暦寺《ひえいざんえんりゃくじ》を焼きうちにする。

1572　三方ヶ原《みかたがはら》の戦《たたか》い。武田信玄《たけだしんげん》が徳川家康《とくがわいえやす》をやぶる。

1573　武田信玄《たけだしんげん》が病死する。
室町幕府滅亡《むろまちばくふめつぼう》。織田信長《おだのぶなが》が足利義昭《あしかがよしあき》を追放する。
織田信長《おだのぶなが》が朝倉氏《あさくらし》をほろぼす。
小谷城《おだにじょう》の戦《たたか》い。織田信長《おだのぶなが》が浅井氏《あざいし》をほろぼす。

安土《あづち》・桃山時代《ももやまじだい》

1574　織田信長《おだのぶなが》が伊勢長島《いせながしま》の一向一揆《いっこういっき》を討伐《とうばつ》する。

1575　長篠合戦《ながしののかっせん》。織田《おだ》・徳川《とくがわ》連合軍が、武田勝頼《たけだかつより》をやぶる。

1576　木津川口《きづがわぐち》の戦《たたか》い（1回目）。毛利水軍《もうりすいぐん》が織田水軍《おだすいぐん》をやぶる。
織田信長《おだのぶなが》が安土城《あづちじょう》をきずく。

1577　手取川《てどりがわ》の戦《たたか》い。上杉謙信《うえすぎけんしん》が織田軍《おだぐん》の柴田勝家《しばたかついえ》をやぶる。

1578　上杉謙信《うえすぎけんしん》が病死する。
上月城《こうづきじょう》の戦《たたか》い。毛利輝元《もうりてるもと》が尼子氏《あまごし》をほろぼす。
耳川《みみかわ》の戦《たたか》い。島津義久《しまづよしひさ》が大友宗麟《おおともそうりん》をやぶる。
木津川口《きづがわぐち》の戦《たたか》い（2回目）。織田水軍《おだすいぐん》が毛利水軍《もうりすいぐん》をやぶる。

1582　天目山《てんもくざん》の戦《たたか》い。織田《おだ》・徳川《とくがわ》連合軍が武田氏《たけだし》をほろぼす。
本能寺《ほんのうじ》の変《へん》。明智光秀《あけちみつひで》が謀叛《むほん》をおこし、織田信長《おだのぶなが》が自害する。
山崎《やまざき》の戦《たたか》い。羽柴秀吉《はしばひでよし》が明智光秀《あけちみつひで》をやぶる。
清洲会議《きよすかいぎ》。織田信長《おだのぶなが》の後継者《こうけいしゃ》として羽柴秀吉《はしばひでよし》が有力となる。

1583　賤ケ岳《しずがたけ》の戦《たたか》い。羽柴秀吉《はしばひでよし》が柴田勝家《しばたかついえ》をやぶり、勝家《かついえ》が自害する。
羽柴秀吉《はしばひでよし》が大坂城《おおさかじょう》をきずく。

安土《あづち》・桃山時代《ももやまじだい》

1592　文禄《ぶんろく》の役《えき》。豊臣秀吉《とよとみひでよし》が朝鮮出兵《ちょうせんしゅっぺい》を決行する。

1593　豊臣秀頼《とよとみひでより》がうまれる。

1595　関白《かんぱく》の豊臣秀次《とよとみひでつぐ》が謀叛《むほん》のうたがいで追放され、自害する。

1597　慶長《けいちょう》の役《えき》。豊臣秀吉《とよとみひでよし》が2度目の朝鮮出兵《ちょうせんしゅっぺい》を決行する。

1598　五大老《ごたいろう》・五奉行《ごぶぎょう》が設置《せっち》される。
豊臣秀吉《とよとみひでよし》が病死する。

1599　前田利家《まえだとしいえ》が病死し、五大老制《ごたいろうせい》がくずれる。

1600　会津攻《あいづぜ》め。徳川家康《とくがわいえやす》が上杉氏《うえすぎし》の謀叛《むほん》をうたがい、会津《あいづ》に出兵する。
石田三成《いしだみつなり》が、徳川家康《とくがわいえやす》の出兵のさなかに決起する。
第二次上田合戦《だいじうえだかっせん》。真田昌幸《さなだまさゆき》が、関ケ原《せきがはら》にむかう徳川秀忠《とくがわひでただ》をやぶる。
関ケ原《せきがはら》の戦《たたか》い。徳川家康《とくがわいえやす》の東軍《とうぐん》が、石田三成《いしだみつなり》の西軍《せいぐん》をやぶる。

江戸時代《えどじだい》

1603　徳川家康《とくがわいえやす》が征夷大将軍《せいいたいしょうぐん》になり、江戸幕府《えどばくふ》をひらく。

1605　徳川秀忠《とくがわひでただ》が二代将軍《しょうぐん》になる。

1614　大坂冬《おおさかふゆ》の陣《じん》。幕府軍《ばくふぐん》と豊臣氏《とよとみし》が大坂城《おおさかじょう》であらそい、講和《こうわ》する。

1615　大坂夏《おおさかなつ》の陣《じん》。幕府軍《ばくふぐん》が再度《さいど》、大坂城《おおさかじょう》を攻《せ》めて、豊臣氏《とよとみし》をほろぼす。

1616　徳川家康《とくがわいえやす》が病死する。

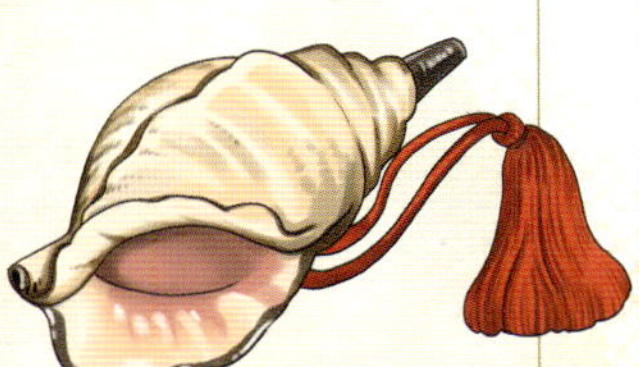

※本書に掲載しているイラストは、資料等を基にして、
アレンジをくわえたものです。学術的な再現を図ったものではありません。

監修／本郷和人

東京大学史料編纂所教授。文学博士。専門は日本中世政治史、および史料学。主著に、『中世朝廷訴訟の研究』（東京大学出版会）、『武士とはなにか　中世の王権を読み解く』（角川ソフィア文庫）、『戦いの日本史　武士の時代を読み直す』（角川選書）、『戦国武将の明暗』『戦国夜話』（新潮新書）、『なぜ幸村は家康より日本人に愛されるのか』（幻冬舎）などがある。

イラスト

板倉まゆみ ［毛利元就、石田三成、大谷吉継、小早川秀秋］
大竹紀子 ［柴田勝家、武田信玄、朝倉義景、蜂須賀小六、福島正則、佐竹義重］
桂イチホ ［明智光秀、浅井長政、竹中半兵衛、加藤清正、直江兼続］
川石テツヤ ［蒲生氏郷、島津義久、島津義弘、藤堂高虎］
河本けもん ［滝川一益、北条氏政、津軽為信、立花宗茂］
さがわゆめこ ［織田信長、丹羽長秀、山本勘助、斎藤道三、豊臣秀吉、黒田官兵衛、島 左近、毛利輝元、長宗我部元親、南部信直、大友宗麟、徳川家康、酒井忠次、本多忠勝、本多正信、後藤又兵衛、兜(P50-51)、陣羽織(P52)、合戦道具(P111)、前田慶次(P112)］
崎みつほ ［前田利家、武田勝頼、真田昌幸、上杉謙信、大内義隆、伊達政宗、片倉小十郎、最上義光、龍造寺隆信、井伊直政、服部半蔵、黒田長政、真田信繁］
永野あかね ［北条氏康、今川義元、村上武吉、尼子晴久、上杉景勝、宇喜多秀家、榊原康政］

編集・デザイン・DTP／グラフィオ

執筆／笠原 宙・小崎尉史（グラフィオ）

アートディレクション／弓場 真（グラフィオ）

編集協力／工藤真紀

参考文献

『詳註刀剣名物帳』（嵩山堂）、『戦国武将100選』（リイド社）、『ビジュアル版　戦国武将大百科(1 東日本編・2 西日本編・3 合戦編)』（ポプラ社）、『超ビジュアル！　戦国武将大事典』（西東社）、『決定版　図説・戦国武将118』『決定版　図説・戦国甲冑集』『決定版　図説・日本刀大全』『決定版　図説・日本刀大全Ⅱ名刀・拵・刀装具総覧』『戦国の合戦』『戦国武将100　家紋・旗・馬印File［新装版］』『図解　日本刀事典』（学研プラス）、『戦国武将の解剖図鑑』（エクスナレッジ）、『ビジュアル　戦国1000人』（世界文化社）、『カラー版　戦国武器甲冑事典』（誠文堂新光社）、『別冊歴史読本　戦国武将列伝』『別冊歴史読本　戦国名将列伝』（新人物往来社）、『変わり兜×刀装具』（青幻舎）、『戦国武将　武具と戦術』（椎出版社）、『すぐわかる　日本の甲冑・武具［改訂版］』（東京美術）、『戦国武将事典』（新紀元社）、『日本史人物辞典』（山川出版社）、『［図解］　武将・剣豪と日本刀［新装版］』（笠倉出版社）、『関ヶ原合戦』（講談社）、『水軍の活躍がわかる本』（河出書房新社）、『大坂の陣』『歴史の愉しみ方』（中央公論新社）、『日本刀辞典』（光芸出版）

戦国武将　人物甲冑大図鑑

2016年12月　初版発行
2021年4月　第3刷発行

編／グラフィオ

発行所／株式会社 金の星社
〒111-0056 東京都台東区小島1-4-3
電話／03-3861-1861(代表)
FAX／03-3861-1507
振替／00100-0-64678
ホームページ／http://www.kinnohoshi.co.jp

印刷／株式会社 廣済堂
製本／牧製本印刷株式会社

NDC210 144P. 25cm ISBN978-4-323-07378-1